养老产业
百词释义

主 编 王 瑞 李 骥

人民卫生出版社
·北京·

图书在版编目（CIP）数据

养老产业百词释义 / 王瑞，李骥主编 . -- 北京 ：
人民卫生出版社，2024. 12. -- ISBN 978-7-117-36855
-1

Ⅰ . F726.99

中国国家版本馆 CIP 数据核字第 2024U2A927 号

| 人卫智网 | www.ipmph.com | 医学教育、学术、考试、健康，购书智慧智能综合服务平台 |
| 人卫官网 | www.pmph.com | 人卫官方资讯发布平台 |

养老产业百词释义

Yanglao Chanye Baici Shiyi

主　　编：王　瑞　李　骥
出版发行：人民卫生出版社（中继线 010-59780011）
地　　址：北京市朝阳区潘家园南里 19 号
邮　　编：100021
E - mail：pmph @ pmph.com
购书热线：010-59787592　010-59787584　010-65264830
印　　刷：北京汇林印务有限公司
经　　销：新华书店
开　　本：710×1000　1/16　　印张：13.5
字　　数：200 千字
版　　次：2024 年 12 月第 1 版
印　　次：2024 年 12 月第 1 次印刷
标准书号：ISBN 978-7-117-36855-1
定　　价：46.00 元

打击盗版举报电话：010-59787491　**E-mail：WQ @ pmph.com**
质量问题联系电话：010-59787234　**E-mail：zhiliang @ pmph.com**
数字融合服务电话：4001118166　**E-mail：zengzhi @ pmph.com**

编者名单

主　编　王　瑞　李　骥

副主编　于建荣　陈心怡　郭常松

编　委（按照姓氏笔画排序）

于建荣	王　珂	王　洪	王　瑞	王　磊
王小龙	王开平	王巍伟	艾帅兵	朱锋荣
刘欣语	刘语瑄	刘宸赫	刘雅欣	李　洋
李　娜	李　航	李　骥	李永华	杨　慧
宋　华	宋　婷	宋剑勇	张小兵	张丽雯
张艳江	陈　伟	陈心怡	武光成	岳东方
金成成	郭常松	曹秀堂	蒋　维	韩雪梅
舒　云	谢晓东			

序

　　我与本书作者有过多次交流,尤其是在中国养老产业、"银发经济"发展的话题讨论中,大家总是意犹未尽,恰逢《养老产业百词释义》即将出版,我欣然为这本书作序,浅谈我对养老产业的一些想法和看法。

　　人口老龄化是 21 世纪全球共同面临的一项重大挑战,它不仅仅是人口结构改变、老年人口数量增多的问题,更是一个深刻影响到经济社会结构和发展模式的问题。我国于 2021 年正式进入深度老龄社会,目前是全世界范围内老年人口最多、老龄化增速最快、应对人口老龄化的任务相对最为繁重的国家。"家家有老人,家家要养老"是我国社会发展的重要趋势,也是我国今后较长一个时期的基本国情。

　　除了病龄化、少子化、空巢化这些全球老龄化国家存在的共性问题外,基于我国发展快、地域广的特色国情,我们还面临未富先老、未备先老、区域异质性巨大的现实问题。目前看来,中国亟须将自身国情的特殊性与国际社会应对人口老龄化的普遍性相结合,不断探索,不断总结,找出适合中国社会的新路子、新方法。大国养老,既是"家事",更是"国事"。

　　2020 年,党的十九届五中全会把积极应对人口老龄化上升为与科教兴国、乡村振兴、健康中国等并列的国家战略,使之成为党和国家的中心工作之一;党的二十大对实施积极应对人口老龄化国家战略进一步部署,二十届中央财经委员会第一次会议提出"要实施积极应对人口老龄化国家战略,推进基本养老服务体系建设,大力发展银发经济,加快发展多层次、多支柱养老保险体系,努力实现老有所养、老有所为、老有所乐。"今年 1 月,我国首个"银发经济"政策文件出台,成为新时代推动"银发经济"发展的纲领性文件。推动"银发经济"的发展已成为中国式现代化建设的重要力量和内在要求,也是加快发展新质生产力的重要着力点。

近年来,我国老龄政策体系不断完善,养老事业和产业统筹推进,老年人保障和服务水平显著提升,老龄事业取得历史性成就、发生历史性变革。然而,面对人口系统如此庞大,地域、文化如此复杂的老龄社会,探索一条新时代中国特色的老龄化应对之路仍然任重而道远。尝试为全球应对人口老龄化呈现独有贡献,不仅需要国家层面大政方针的统筹引导,需要全社会的共同努力,更需要人们观点、知识、理论、专业的与时俱进。

当前,养老产业所包含的内容越来越广泛,各类新政策、新话题、新名词也不断出现在大众视野中,《养老产业百词释义》的出版为养老产业宣传普及做了一个很好的尝试。该书分类别体系化梳理了 100 个养老行业常见的专有名词,并对每个词汇整理汇编了丰富的相关延展资料,用通俗易懂的释义阐明了深奥的行业理解,可以帮助读者全面、系统地了解行业整体概况,掌握细分领域的主要术语、关联要素、政策背景、发展现状及相关参考资料。该书是国内首部养老产业的行业专有名词释义,但又不是简单的整理汇编,而是追溯其内涵,客观反映当前养老产业发展所呈现出的现实状态。

常怀敬老之心,倾注爱老之情,笃行扶老之事。希望广大读者能从本书中受益,并期待各位能够为积极应对人口老龄化贡献力量,为向全球给出养老"中国方案"做有益之事。

联合国原副秘书长

国际欧亚科学院院士

2024 年 4 月

前言

　　人生是单向不可逆的过程,从出生到少儿,到青年,到中年,再到老年,这个成长发展过程并不以人的意志为转移。因此,随着经济和社会的发展、生活水平的提高、生活环境的改善和健康保障的提升,居民的平均寿命不断增长,我国快速进入老龄社会和长寿时代,这也已是有目共睹的事实。有效应对我国人口老龄化,事关国家发展全局,事关亿万百姓福祉,事关社会和谐稳定,对于全面建设社会主义现代化国家具有重要意义。

　　人口老龄化既带来发展挑战也带来发展机遇。从挑战来看,数量日益庞大的老龄人口会对社会保障体系的健康运行造成压力,失能或半失能老人、空巢老人、孤寡老人、失独老人等带来综合社会问题,老年疾病谱发生变化,以及慢性病的增多,对医疗健康管理提出更高要求;从机遇来看,老人的健康幸福是人们追求美好生活的重要组成部分,占老人比例较高的活力老人依然是创造社会财富和推动经济发展的重要力量,老人对养老和健康日益增长的刚性需求催生了前景广阔的产业空间。

　　党和国家高度重视老龄事业、老龄产业的发展。特别是党的十八大以来,社会化养老成为广泛共识,老龄事业逐渐转换成为养老产业,国家密集出台诸多政策激发社会活力。党的二十大报告指出"实施积极应对人口老龄化国家战略,发展养老事业和养老产业"。"十四五"规划和二〇三五年远景目标中提出"加快发展健康、养老、育幼、文化、旅游、体育、家政、物业等服务业""积极开发老龄人力资源,发展银发经济。推动养老事业和养老产业协同发展"。

《中共中央 国务院关于加强新时代老龄工作的意见》中也明确要求"推动老龄事业与产业、基本公共服务与多样化服务协调发展""积极培育银发经济"。

老龄化社会、养老产业是重要国计民生,关系每一个人的现实或未来。但它又往往是个熟知而非真知的话题,似乎每个人都知道了解一些,细究起来却难以深入、全面、准确,公众对此的认知存在碎片化、浅层化、通俗化的现象,这与养老产业所涉及的领域广阔、主体甚多、专业性强的特点密不可分。认知决定思想,思想决定行动。因此,如何帮助人们更好、更快、更准确地了解、掌握养老产业的核心概念和要点知识,已经成为实施积极应对人口老龄化国家战略、发展养老产业的迫切需要。

基于上述的认识和考虑,编者决定编写这本《养老产业百词释义》,希望帮助有需要的人像识字时查阅字典一样查阅养老产业的核心概念,帮助学习研究者或者产业参与者能够以此为线索构建起养老产业的名词概念、认知体系和实践图谱。为此,我们力求在编写过程中实现四个目标:一是科学性,即所选名词概念有重要价值,体现出较强的专业特点,得到较为广泛的传播;二是规范化,即所选名词的释义尽量保证有权威出处,用语规范,多数释义提供了参考文献;三是丰富度,即对于多数名词不仅进行自身的涵义解读,而且编列了延伸阅读内容,多维度、有深度地丰富名词释义;四是覆盖面,即对于养老产业所涉及的总体概念、老年主体、疾病养生、从业人员、服务体系、金融等十个方面遴选了100个核心名词概念,涵盖较为全面。

由于编写时间及编者能力所限,若有疏漏或不当之处敬请谅解,容留后续改进更正。

编委会

2024 年 8 月

目录

老年人常见疾病　43

中医养生适宜技术　65

老年行业从业人员　83

养老服务体系　99

养老金体系　133

养老金融　149

统计公报与调研数据　163

行业学 / 协会　173

养老产业相关政策文件（2021—2023） 187

参考资料 197

老龄社会

001. 养老产业

概念

养老产业,是以保障和改善老年人生活、健康、安全以及参与社会发展,实现老有所养、老有所医、老有所为、老有所学、老有所乐、老有所安等为目的,为社会公众提供各种养老及相关产品(货物和服务)的生产活动集合,包括专门为养老或老年人提供产品的活动,以及适合老年人的养老用品和相关产品制造活动。

延展阅读:

1. 养老产业范围

国家统计局发布的《养老产业统计分类(2020)》将养老产业范围确定为:养老照护服务、老年医疗卫生服务、老年健康促进与社会参与、老年社会保障、养老教育培训和人力资源服务、养老金融服务、养老科技和智慧养老服务、养老公共管理、其他养老服务、老年用品及相关产品制造、老年用品及相关产品销售和租赁、养老设施建设 12 个大类。

2. 养老产业特点

(1)是"文化传承"的产业

中国优秀传统文化博大精深、源远流长,"敬老、爱老、孝老"一直是中华儿女的传统美德,也是一代一代中国人价值取向与思维导向的真实体现。养老产业的发展既离不开传统文化的根基,又要融入新时代先进文化的要素。

(2)是"民生关注"的产业

每个人都会老去,如何做好老年生活规划,合理安排老年生活是每一个人需要面对的人生课题,也是党和国家一直关注的重点。养老产业发展不仅仅是从需求端、供给端、支付端的平衡性思考,更要从中国共产党"以人为本"执政理念、社会长治久安的角度去研究和探讨。

(3)是"消费聚焦"的产业

在养老产业中,消费者始终是最终的服务保障对象。对于养老产业的经营、服务、管理、保障、支撑、支付等端口链条上的机构而言,如何聚焦消费需求和服务诉求,为消费者提供高质量的服务保障是其生存和发展的前提,也是养老产业发展成败的关键。

(4)是"综合集成"的产业

成熟的养老产业需要满足高龄长者物质和精神生活多层次需求,涉及医康养护、生产制作、信息科技、教育培训、金融服务等多个领域,涵盖衣食住行、文体休闲、社交娱乐、精神文明等多个方面,其产业链非常庞大,上游包括器械与设施、信息化解决方案、人才教育培训等,中游包括居家养老、社区养老、机构养老等服务,下游包括用户和相关支付方等。

(5)是"多元差异"的产业

受年龄、地域、文化、经济等因素影响,老龄长者对"养老"思维正在不同程度发生变化,如从被动消费逐渐转向主动消费,从行为消费逐渐转向产品消费,从普适消费逐渐转向个性消费,从保障消费逐渐转向品质消费,从线下消费逐渐转向线上消费,从个人消费逐渐转向家庭消费。在这种逐渐变化的过程中,多元化、差异化成为产业发展必须面对的现实。

(6)是"亟待创新"的产业

养老产业的需求端已经出现"不仅要慢慢地老去,还要优雅地老去""享受老年生活""二次生活"等理念,除照护、护理、康复、医疗服务等刚需外,保健品、旅居养老、老年旅游、老年化妆品、老年服饰、老年体育、美容养生等正在成为新需求,但作为供给端,目前提供产品相对单一,服务相对滞后,能力相对偏弱,这需要养老供给端的政策、理念、模式、技术、人才全面创新提升,适应需求端日益增长的需求。

002. 人口老龄化

概念

人口老龄化是指人口中老年人比重日益上升的现象,尤其是指在已经达到老年状态的人口中,老年人口比重继续提高的过程。从定义中可以看出两层含义:一是人口老龄化是一个老年人口比重不断提高的动态过程,二是特指人口年龄结构已经进入老年型人口状态。

延伸阅读

1. 老年型人口

老年型人口是人口老龄化发展的结果,是人口中老年人口比重超过一定界限的状态。与老年型人口的区别在于,人口老龄化是人口总体在向老年型人口演变或者在老年型人口基础上进一步发展的过程。

2. 老年人口比重

老年人口比重也称为老年人口系数或老年人口比例,用于反映人口是否老化及人口老龄化程度,也是划分人口年龄结构类型的指标之一。老年人口比重的计算公式为:

$$老年人口比重 = \frac{60(或65)岁及以上人口数}{总人口数} \times 100\%$$

3. 人口老龄化评价指标

老年人口比重是衡量人口老龄化最重要、最直观的指标之一,但不是唯一指标,老化指数、少儿人口比例、老少比、年龄中位数等指标都可以在一定程度上反映人口老龄化的状况。因此,准确衡量一个国家或地区的人口老龄化,应该将这些指标综合起来进行评价。

4. 人口老龄化评价标准

国际上通常用老年人口比重作为衡量人口老龄化的标准,老年人口比重越高,标志着人口老龄化程度也越高。根据 1956 年联合国《人口老龄化及其社会经济后果》确定的划分标准,当一个国家或地区 65 岁及以上老年人口数量占总人口的比例超过 7% 时,则意味着这个国家或地区进入老龄化阶段。1982 年维也纳老龄问题世界大会确定,60 岁及以上老年人口占总人口比例超过 10%,意味着这个国家或地区进入老龄化阶段。

5. 中国人口老龄化进程

2001 年,中国 65 岁及以上老年人口数量占总人口比例超过 7%,首次达到联合国划定的老龄化社会标准;2021 年,这一比重升至 14.2%。这个过程,法国用了 115 年,瑞典用了 85 年,澳大利亚用了 73 年,美国用了 69 年,加拿大用了 65 年,日本用了 26 年。截至 2023 年末,全国 60 周岁及以上老年人口 29 697 万人,占总人口的 21.1%,其中 65 周岁及以上老年人口 21 676 万人,占总人口的 15.4%。

6. 中国应对人口老龄化策略

中国共产党第十九次全国代表大会(党的十九大)作出实施健康中国战略的重大决策部署,中国共产党第十九届中央委员会第五次全体会议(十九届五中全会)明确提出实施积极应对人口老龄化国家战略。2021 年 10 月 13 日,习近平总书记对老龄工作作出重要指示,要求"把积极老龄观、健康老龄化理念融入经济社会发展全过程","加快健全社会保障体系、养老服务体系、健康支撑体系"。2021 年 10 月,全国老龄工作会议召开,对推动老龄事业和产业高质量发展作出全面部署。2021 年 11 月,《中共中央 国务院关于加强新时代老龄工作的意见》印发。2021 年 12 月,国务院印发《"十四五"国家老龄事业发展和养老服务体系规划》。2022 年 2 月,国家卫生健康委会同教育部、科学技术部、工业和信息化部等 15 部门联合印发《"十四五"健康老龄化规划》。2023 年 5 月,中共中央办公厅、国务院办公厅印发《关于推进基本养老服务体系建设的意见》。2024 年 1 月,国务院办公厅印发《关于发展银发经济增进老年人福祉的意见》。2024 年 5 月,民政部、农业农村部、人社部、国家卫生健康委等 22 个部门联合印发《关于加快发展农村养老服务的指导意见》。

003. 低生育率陷阱

概念

低生育率陷阱理论是由奥地利人口学者鲁茨于 2005 年提出的,用来解释西方国家低生育率现象的重要理论。指当一国的总和生育率(定义及计算方法见延伸阅读)下降到 1.5 水平以下,便会产生"自我强化作用机制",使得生育率进一步下降以至于很难回升,就如同掉入不被人所预防,不是自愿并很难摆脱的"陷阱"一样。在鲁茨等人看来,低生育率与"陷阱"一词所包含的本意存在着三点共性:一是会使人感到不安或者不愉快;二是并不是进入者自愿想要进入的;三是一旦进入就很难摆脱困境。

延伸阅读

1. 总和生育率

总和生育率(total fertility rate,TFR)也称总生育率,是衡量生育水平最常用的指标之一。根据国家统计局《金砖国家联合统计手册(2022)》中"主要统计指标解释"定义,是指该国家或地区的妇女在育龄期间(15~49 岁),按该年龄段生育率计算的每个妇女平均子女生育数。从出生到育龄结束之前的死亡率不计算在内。

通常,人口学界将总和生育率 2.1 作为世代更替水平,也是低生育率的门槛。一旦生育率跌至更替水平线上,出生和死亡将逐渐趋于均衡,在没有国际迁入与迁出的情况下,人口将最终停止增长,保持稳定状态。当总和生育率低于 1.5 时,常称为"很低生育率",低于 1.3 时常称为"极低生育率"。

2. 人口少子化

是指生育率下降,新生儿减少而导致的幼年人口占总人口比例逐渐减少的现象。少子化代表着未来总人口可能逐渐变少,对于社会结构、经济发展等各方面都会产生重大影响,是许多国家(特别是发达国家)非常关心的问题。目前被各个国家普遍接受的数值标准为:0~14岁人口占总人口的比例在15%以下,为超少子化;比例在15%~18%,为严重少子化;比例在18%~20%,为少子化;比例在20%~23%,为正常;比例在23%~30%,为多子化;比例在30%~40%,为严重多子化;比例在40%以上,为超多子化。根据第七次全国人口普查数据,2020年,我国0~14岁人口占总人口比例为17.95%,达到严重少子化标准。

3. 国内情况

从1992年开始,我国总和生育率低于2.1,至今已近30年。第七次全国人口普查数据显示,2020年我国出生人口为1 200万人,育龄妇女总和生育率仅为1.3,跌破1.5的国际"高度敏感警戒线"。与此同时,我国育龄妇女的生育意愿也呈持续下降趋势。2021年国家卫生健康委员会调查显示,育龄妇女生育意愿继续走低,平均打算生育子女数为1.64个,低于2017年的1.76个和2019年的1.73个,作为生育主体的"90后""00后"平均打算生育子女数仅为1.54个和1.48个,而生育率长期低迷的日本、韩国、德国、意大利等,其意愿子女数量均在2个以上。除此之外,受计划生育政策与相关宣传的影响,我国育龄妇女只想生育1个子女的比例较高。2019年全国人口与家庭动态监测调查显示,有生育二孩及以上打算的妇女,仅不足半数实现了再生育。综合来看,我国存在一定跌入"低生育率陷阱"的可能(图1)。

4. 国际对比

不仅是中国,全球人口的出生率都在经历断崖式的下跌,全球人口总和生育率从20世纪60年代的5以上降至2020年的2.3,降幅近一半。世界银行的数据显示,2021年,美国、澳大利亚、新西兰等国家的总和生育率降至1.6~1.7,加拿大、意大利、德国、新加坡、日本等国的总和生育率均在1~1.5之间徘徊,人口大国印度,总和生育率也已降至2.1的临界线。韩国、波多黎各的总和生育率已降至1以下,分别为0.8、0.9,这意味着,在这些国家,平均每名妇女生育不到一个孩子(表1)。

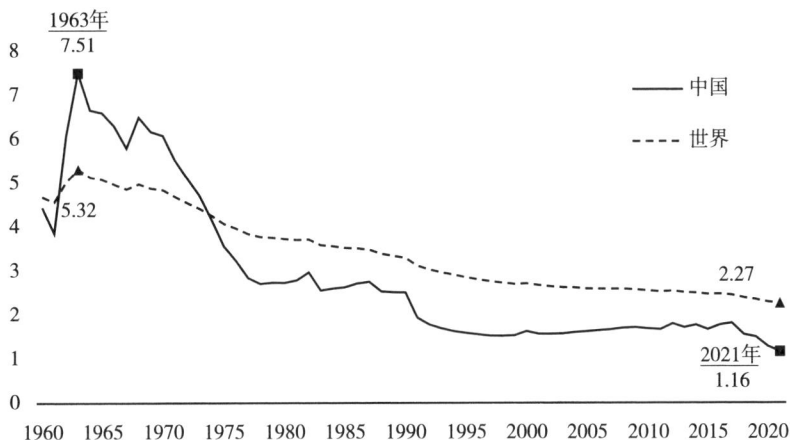

图 1 我国总和生育率趋势表（1960—2021 年）

表 1 部分国家总和生育率（2021 年）

排名（从低到高）	国家 / 地区	总和生育率（2021 年）
2	韩国	0.8
6	新加坡	1.1
9	中国	1.2
12	意大利	1.25
14	日本	1.3
31	加拿大	1.43
64	德国	1.58
76	新西兰	1.64
81	美国	1.66
89	澳大利亚	1.7

004. 老年人口抚养比

概念

老年人口抚养比,也称老年人口抚养系数。指人口中老年人口数与劳动年龄人口数之比,通常用百分比表示,用以表明每 100 名劳动年龄人口要负担多少名老年人。老年人口抚养比是从经济角度反映人口老化社会后果的指标之一。计算公式为:

$$老年人口抚养比 = \frac{65\ 岁及以上老年人口数}{15{\sim}64\ 岁劳动年龄人口数} \times 100\%$$

延伸阅读

1. 总抚养比

也称总负担系数。指人口总体中非劳动年龄人口数与劳动年龄人口数之比,通常用百分比表示,说明每 100 名劳动年龄人口大致要负担多少名非劳动年龄人口,用于从人口角度反映人口与经济发展的基本关系。计算公式为:

$$总抚养比 = \frac{0{\sim}14\ 岁少年儿童人口数 + 65\ 岁及以上老年人口数}{15{\sim}64\ 岁劳动年龄人口数} \times 100\%$$

2. 少年儿童抚养比

也称少年儿童抚养系数。指人口中少年儿童人口数与劳动年龄人口数之比,通常用百分比表示,以反映每 100 名劳动年龄人口要负担多少名少年儿童。计算公式为:

$$少年儿童抚养比 = \frac{0{\sim}14\ 岁少年儿童人口数}{15{\sim}64\ 岁劳动年龄人口数} \times 100\%$$

3. 中国老年人口抚养比的现状与趋势

我国人口抚养比从 1982 年的 62.6% 下降到 2010 年的 34.2%。第七次全国人口普查数据显示,2020 年我国人口抚养比为 45.9%,与 2010 年相比,增长了 11.7 个百分点,这表明随着我国人口老龄化进程的推进,人口抚养比的下降趋势在这 10 年发生了逆转。

2000 年之前,我国老年人口抚养比长期不足 10%,然而,截至 2021 年末,我国老年人口抚养比首次突破 20%,达到 20.8%,与 2020 年(19.7%)相比上升 1.1%;截至 2022 年末,我国老年人口抚养比再次上升 1%,达到 21.8%;截至 2023 年末,我国老年人口抚养比继续上升,达到 22.5%。这意味着,当前我国平均不到 5 名年轻人就要抚养一位老人(图 2)。

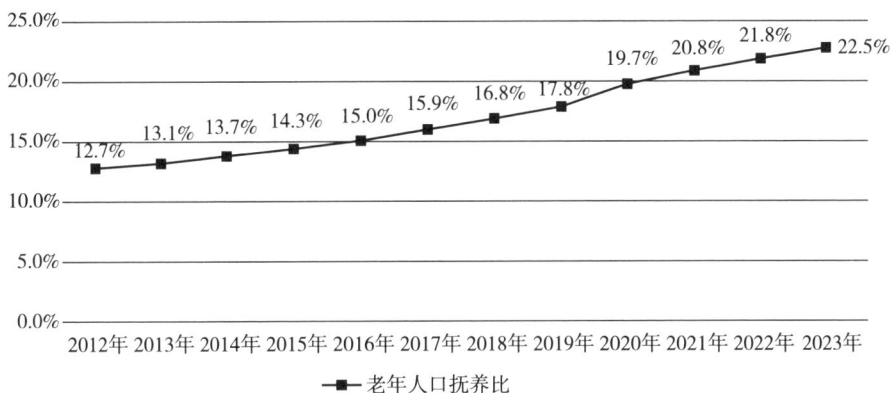

图 2　我国老年人口抚养比发展趋势（2012—2022 年）

　　2022 年起，第二次生育高峰期间（1962—1972 年）出生的人口陆续进入退休年龄，以此推算，平均每年净新增老年人口超过 1 000 万。

　　2022 年 9 月 20 日，国家卫生健康委员会老龄健康司司长王海东在新闻发布会上介绍道："到 2050 年前后，我国老年人口规模和比重、老年抚养比和社会抚养比将相继达到峰值。随着老年人口持续增加，人口老龄化程度不断加深，给公共服务供给、社会保障制度可持续发展带来挑战，应对任务很重。"

　　除此之外，高昂的教育成本也让年轻人两头承压，社会生育意愿持续走低，少儿抚养比或将进一步下滑，随着劳动人口规模和比例萎缩，人口抚养比也将继续提升，由低人口抚养比带来的人口数量红利正逐步进入尾声。

　　4. 各地区老年人口抚养比情况

　　分区域看，2022 年，我国已有 20 个省份老年人口抚养比超过 20%，与 2021 年相比新增北京市、山西省、内蒙古自治区、浙江省、广西壮族自治区 5 个地区。其中，老年人口抚养比均超过 25% 的地区有 6 个，分别为辽宁省（28.77%）、江苏省（26.29%）、山东省（25.56%）、重庆市（27.26%）、四川省（27.12%），这意味着，这些地区平均不到 4 个年轻人就需要抚养 1 个老人。

005. 养老金替代率

概念

养老金替代率是指劳动者退休时的养老金领取水平与退休前工资收入水平之间的比率,是衡量劳动者退休前后生活保障水平差异的基本指标之一,也是反映退休人员生活水平的经济指标和社会指标。

根据国际劳工组织发布的《社会保障最低标准公约》,55% 是养老金替代率的警戒线。而我国基本养老金替代率长期低于该水平,2021 年我国基本养老金替代率仅 40.18%,且呈现不断下降趋势。

延伸阅读

1. 计算方法

例如,退休前收入为每月 10 000 元,退休后到手养老金为每月 5 000 元,那么养老金替代率为(5 000/10 000)× 100%=50%。

其中,养老金 = 基本养老保险(第一支柱)+ 企业年金 / 职业年金(第二支柱)+ 个人养老金 / 个人补充商业养老保险(第三支柱)。

2. 国际标准

根据国际劳工组织发布的《社会保障最低标准公约》,55% 是养老金替代率的警戒线,低于此水平的退休后生活质量将显著下降;国际上通常认为,养老金的替代率最好在 70% 以上,即可维持与退休前基本接近的生活水平。

3. 国内现状

2000 年起,我国养老金替代率整体呈逐年下降趋势,目前已经从 2000 年的 70% 降至 2020 年的 41.3%。随着老龄化的不断深化,第一支柱的收支平衡压力逐步增大,未来预计第一支柱替代率将下降到 20%,第二支柱覆盖人群太少,后续亟须依靠以个人储蓄性养老保险和商业养老保险为核心的第三支柱进行补充。

从全国整体看,随着中国进入老龄化社会,领钱的人越来越多,而交钱的人越来越少,社保基金的收入支出非常不乐观。

006. 长期护理保险

概念

长期护理保险是指以互助共济方式筹集资金,为长期失能人员的基本生活照料和与之密切相关的医疗护理提供服务或资金保障的社会保险制度。

延伸阅读

1. 发展历程

2015 年,为积极应对人口老龄化现象,《中共中央关于制定国民经济和社会发展第十三个五年规划的建议》提出要探索建立长期护理保险制度。

2016 年,《人力资源社会保障部办公厅关于开展长期护理保险制度试点的指导意见》明确了在河北省承德市,吉林省长春市,黑龙江省齐齐哈尔市,上海市,江苏省南通市、苏州市,浙江省宁波市,安徽省安庆市,江西省上饶市,山东省青岛市,湖北省荆门市,广东省广州市,重庆市,四川省成都市,新疆生产建设兵团石河子市 15 个地区试点。

2017 年,《国务院关于印发"十三五"国家老龄事业发展和养老体系建设规划的通知》提出"鼓励商业保险公司开发适销对路的长期护理保险产品和服务,满足老年人多样化、多层次长期护理保障需求"。

2019 年,长期护理保险相关内容首次写入《政府工作报告》,提出要"扩大长期护理保险制度试点";2021—2023 年,《政府工作报告》中连续三年提出"稳步推进长期护理保险制度试点"。

2020 年 9 月,国家医疗保障局、财政部印发《关于扩大长期护理保险制度试点的指导意见》,试点地区增至 49 个提出:"力争在'十四五'期间,基本形成适应我国经济发展水平和老龄化发展趋势的长期护理保险制度政策框架,推动建立健全满足群众多元需求的多层次长期护理保障制度。"

2021年7月,国家医疗保障局会同民政部研究出台《长期护理失能等级评估标准(试行)》,2022年1月印发配套的《长期护理保险失能等级评估操作指南》,首次建立了涵盖日常生活能力、认知能力、感知觉与沟通能力等方面的综合评估指标体系,明确了实施规范要求,推动形成全国统一的长期护理保险失能等级评估标准。

2023年12月,国家医疗保障局、财政部出台《长期护理保险失能等级评估管理办法(试行)》(医保发〔2023〕29号),明确了适用范围、遵循原则、各级医保部门职责等,进一步推动各地规范统一失能等级评估管理,增强评估实施的科学性,保障参保群众公平享受待遇,提升制度保障效能,确保制度长远可持续。

2024年2月,为稳步推进长期护理保险制度建设,人力资源和社会保障部办公厅、国家医疗保障局办公室印发《关于颁布健康照护师(长期照护师)国家职业标准的通知》,正式将长期照护师设置为一个新的职业工种,对于加快培养培训大量高素质的长期护理服务从业人员、推进长期护理保险制度建设具有重要意义。2024年3月,《政府工作报告》提出,"推进建立长期护理保险制度",去掉"试点"二字,标志着长期护理保险制度从试点阶段进入了全面建设阶段。

2. 基本政策

《关于扩大长期护理保险制度试点的指导意见》明确规定了长期护理保险制度试点的参保对象和保障范围、资金筹集、待遇支付等基本内容。

(1)参保对象和保障范围

试点阶段从职工基本医疗保险参保人群起步,重点解决重度失能人员基本护理保障需求,优先保障符合条件的失能老年人、重度残疾人。有条件的地方可随试点探索深入,综合考虑经济发展水平、资金筹集能力和保障需要等因素,逐步扩大参保对象范围,调整保障范围。

(2)资金筹集

探索建立互助共济、责任共担的多渠道筹资机制。科学测算基本护理服务相应的资金需求,合理确定本统筹地区年度筹资总额。筹资以单位和个人缴费为主,单位和个人缴费原则上按同比例分担,其中单位缴费基数为职工工资总额,起步阶段可从其缴纳的职工基本医疗保险费中划出,不增加单位负担;个人缴费基数为本人工资收入,可由其职工基本医疗保险个人账户代扣代缴。有条件的地方可探索通过财政等其他筹资渠道,对特殊困难退休职工缴费给予适当资助。建立与经济社会发展和保障水平相适应的筹资动态调整机制。

（3）待遇支付

长期护理保险基金主要用于支付符合规定的机构和人员提供基本护理服务所发生的费用。经医疗机构或康复机构规范诊疗、失能状态持续 6 个月以上,经申请通过评估认定的失能参保人员,可按规定享受相关待遇。根据护理等级、服务提供方式等不同实行差别化待遇保障政策,鼓励使用居家和社区护理服务。对符合规定的护理服务费用,基金支付水平总体控制在 70% 左右。

3. 数据概要

自 2016 年国家开始推出试点长期护理保险制度以来,全国长期护理保险制度试点工作取得一定成效。2023 年,49 个试点城市参加长期护理保险人数共 18 330.87 万人,享受待遇人数 134.29 万人。2023 年基金收入 243.63 亿元,基金支出 118.56 亿元。长期护理保险定点服务机构 8 080 家,护理服务人员 30.28 万人。

007. 普惠养老

概念

普惠养老是指在基本养老服务以外,面向广大老年人的、靠市场供给、由政策引导的一种服务。"普"即普遍、普及,突出覆盖人群和服务项目的广泛性,"惠"即实惠、优惠,突出服务的可负担性和可及性。与财政兜底的基本养老和完全市场化的高端养老相比,普惠养老以"将可及的养老服务惠及最大多数的老年人"为宗旨,通过对养老服务价格和质量的合理引导,最大程度地满足普通老年群体的养老需求。

延伸阅读

1. 主要实施对象

普惠养老的实施对象不再是少数特殊的、困难的老年人,而是普通老年人,要解决的正是普通养老服务"买不到""买不起""买不好""买不安"等四大痛点。由此,普通老人享受普惠养老,而特困人群可享受普惠中的特惠,富裕人群则可享受以往拿钱也未必买得到的"15分钟服务圈"等社会服务基础设施。

2. 现实意义

中国是目前全世界老龄化速度最快的国家,"未富先老"成为主要特征。发达国家老龄化通常发生在高收入阶段,其进入深度老龄化社会时人均 GDP 大都在 3 万美元以上,具有较好的应对基础。而中国在 2021 年步入深度老龄化社会时,当年人均 GDP 仅 1.2 万美元,伴随疫情后的经济下行周期的延续,国家和普罗大众面临的养老压力要远高于发达国家(表 2)。

表 2 部分国家进入深度老龄化社会人均 GDP 情况

国家	年份	人均 GDP
日本	1971 年	4.3 万美元
澳大利亚	2013 年	4.6 万美元
美国	2014 年	5.5 万美元
韩国	2018 年	3.1 万美元
新加坡	2020 年	6.5 万美元
中国	2021 年	1.2 万美元

在此社会背景下,高收入老年人群可以购买市场化程度较高的高质量养老服务,低收入群体可以享受政府提供的兜底养老服务,介于两者之间的大多数普通老年人收入水平一般,政府补贴有限,虽不至于申请兜底服务,但往往也难以负担较高价格的商业养老服务,面临"进退两难"的窘境,因此,普惠型养老服务可有效满足这部分老年人的客观需求,大力发展势在必行。

3. 发展历程

一直以来,中国养老的格局是:基本养老有国家"兜底",高端养老有消费市场,而主要服务于工薪阶层的普惠养老,长期以来是个短板。随着2019年2月国家发展和改革委员会会同民政部、国家卫生健康委员会等部门联合印发《城企联动普惠养老专项行动实施方案》(发改社会〔2019〕333号),将"普惠导向"作为行动的首要基本原则,即"支持面向社会大众的普惠性养老项目,为老年人群体提供成本可负担、方便可及的养老服务",中国养老进入"普惠"时代。该方案对于中央、地方、企业三方的角色进行明确划分。国家通过中央预算内投资,支持和引导城市政府系统规划建设养老服务体系;城市政府提供土地、规划、融资、财税、医养结合、人才等一揽子的政策支持包;企业按约定提供普惠型养老服务包。当年,这项行动下达中央预算内投资14亿元,新增养老床位7万张,吸引64个城市、119个项目参与。

2021年印发的《中华人民共和国国民经济和社会发展第十四个五年规划和2035年远景目标纲要》中明确指出,要"健全基本养老服务体系,大力发展普惠型养老服务,支持家庭承担养老功能,构建居家社区机构相协调、医养康养相结合的养老服务体系",在国家层面首次提出以"普惠型养老服务"积极应对人口老龄化的建设思路。2021年12月,国务院印发的《"十四五"国家老龄事业发展和养老服务体系规划》,明确将"扩大普惠型养老服务覆盖面",并定下系列量化发展目标,如"到2025年,乡镇(街道)层面区域养老服务中心建有率达到60%,与社区养老服务机构功能互补,共同构建'一刻钟'居家养老服务圈","开展城镇配套养老服务设施专项治理,全面清查2014年以来新建城区、新建居住区配套情况,定期进行全国通报,2025年前完成整改"等。

2022年,中共中央办公厅、国务院办公厅印发《关于推进基本养老服务体系建设的意见》(中办发〔2022〕42号),明确了"基本养老服务是指由国家直接提供或者通过一定方式支持相关主体向老年人提供的,旨在实现老有所养、老有所依必需的基础性、普惠性、兜底性服务,包括物质帮助、照护服务、关爱服务等内容",并将"老年人面临家庭和个人难以应对的失能、残疾、无人照顾等困难时的基本养老服务需求"作为"十四五"期间的主要任务,再次提及普惠养老。同时,再次将"普惠性原则"作为主要工作原则之一,即"在提高基本公共服务均等化水平的过程中,逐步拓展基本养老服务的对象和内容,使所有符合条件的老年人能够方便可及、大致均等地获得基本养老服务",较以往的定义相比,突出强调了"均等"的重要性。

2024年1月,全国民政工作会议将"大力发展普惠型养老服务"作为全年八项重点工作之一,提出"加快推进养老服务立法,推进基本养老服务体系建设,抓好示范性社区居家养老服务网络建设,积极发展老年助餐服务,健全农村养老服务体系,加强养老护理员队伍建设,启动实施养老机构安全生产治本攻坚三年行动计划,提升养老服务质量。"

4. 金融支持

2022年4月,人民银行、国家发展和改革委员会决定开展普惠养老专项再贷款试点工作,引导金融机构向普惠养老机构提供优惠贷款,降低养老机构融资成本。试点额度为400亿元,利率为1.75%,期限1年,可展期两次,按照金融机构发放符合要求的贷款本金等额提供资金支持。试点金融机构为国家开发银行、进出口银行、工商银行、农业银行、中国银行、建设银行、交通银行共7家全国性大型银行。试点地区为浙江、江苏、河南、河北、江西五个省份。

2022年8月,国家发展和改革委员会等部门印发《养老托育服务业纾困扶持若干政策措施》(发改财金〔2022〕1356号),从房租、税收、保险、金融、防疫等五个方面,提出了有针对性的养老服务机构帮扶措施。该文件明确,"开展普惠养老专项再贷款试点,支持金融机构通过融资信用服务平台网络向普惠养老服务机构提供贷款,根据试点情况,在对政策进行评估完善后进一步扩大试点范围。"

008. 医养结合

概念

医养结合指医疗资源和养老资源相结合,实现社会资源利用的最大化。其中,"医"包括医疗康复保健服务,具体有医疗服务、健康咨询服务、健康检查服务、疾病诊治和护理服务、大病康复服务以及临终关怀服务等;"养"包括生活照护服务、精神心理服务、文化活动服务。利用"医养一体化"的发展模式,集医疗、康复、养生、养老等为一体,把老年人健康医疗服务放在首要位置,将养老机构和医院的功能相结合,把生活照料和康复关怀融为一体。

延伸阅读

1. 发展历程

(1)探索阶段

"十二五"期间,我国社会养老服务体系初步建立,但存在服务市场化不足、供需错配问题。同时,老年人养老生活中对于医疗服务的需求开始突显,两者融合的呼声日益强烈。在此背景下,2013年9月,国务院印发《关于加快发展养老服务业的若干意见》(国发〔2013〕35号),正式将"积极推进医疗卫生与养老服务相结合"作为养老服务业发展的6大主要任务之一,明确了"推动医养融合发展",要求"各地要促进医疗卫生资源进入养老机构、社区和居民家庭""医疗机构要积极支持和发展养老服务"。同时,该文件也提出要"健全医疗保险机制",对于养老机构内设的医疗机构,符合相关条件的可纳入医保定点范围。这一政策被称为我国养老服务业发展史上的里程碑式文件,也是医养结合政策的原点。

2013年,国务院印发《关于促进健康服务业发展的若干意见》(国发〔2013〕40号),针对"推进医疗机构与养老机构等加强合作",提出要加强医疗卫生服务对养老的支撑,建立医疗机构和养老机构间的业务协作机制,增强医疗机构为老年人提供便捷就医服务的能力,统筹医疗服务与养老服务资源等要求,并鼓励做好健康延伸服务。

在此阶段,医疗和养老相结合作为一个正式命题被提上议事日程,相关概念逐步明晰,为后续工作的开展奠定了良好基础。

(2)加速阶段

随着我国人口老龄化程度的进一步加深,老年人的医养结合需求更加迫切,相关政策文件开始密集出台,医养结合进入加速发展阶段。

2014年,国家发展和改革委员会联合民政部、财政部等9个部门共同发布的《关于加快推进健康与养老服务工程建设的通知》(发改投资〔2014〕2091号),正式出现了"医养结合"的表述,指出养老服务体系包括社区老年人日间照料中心、老年养护院、养老院和医养结合服务设施、农村养老服务设施等4类项目。

2015年,《国务院办公厅关于印发全国医疗卫生服务体系规划纲要(2015—2020年)的通知》(国办发〔2015〕14号)中"医养结合"单独成篇,对推进医疗机构与养老机构等加强合作,发展社区健康养老服务提出了明确要求。2015年11月,国务院办公厅转发了国家卫生计生委等9个部门联合发布的《关于推进医疗卫生与养老服务相结合的指导意见》(国办发〔2015〕84号),对医养结合的重要性作出了进一步阐释:"有限的医疗卫生和养老服务资源以及彼此相对独立的服务体系远远不能满足老年人的需要,迫切需要为老年人提供医疗卫生与养老相结合的服务。"文件正式提出了推动医养结合工作的基本原则、发展目标、重点任务、保障措施、组织实施等方面的要求,是医养结合产业发展的重要政策里程碑,极大地促进了各地医养结合服务的发展与模式的探索。

(3)深化阶段

"十三五"时期,积极应对人口老龄化上升为国家战略,医养结合进入试点实施阶段。

2016年,国家卫生计生委印发了《2016年卫生计生工作要点》(国卫办发〔2016〕6号）将"启动医养结合项目试点"作为加快推进医药卫生体制改革中的一部分；2016年3—4月，国家卫生计生委办公厅、民政部等多部门又相继联合下发了《医养结合重点任务分工方案》（国卫办家庭发〔2016〕340号）、《关于做好医养结合服务机构许可工作的通知》（民发〔2016〕52号）等文件，进一步推动医养结合工作的落地实施；2016年5月，国家卫生计生委办公厅和民政部办公厅联合下发了《关于遴选国家级医养结合试点单位的通知》（国卫办家庭发〔2016〕511号），正式启动国家级医养结合试点工作；2016年10月，中共中央、国务院发布了《"健康中国2030"规划纲要》，明确提出要"推进中医药与养老融合发展，推动医养结合，为老年人提供治疗期住院、康复期护理、稳定期生活照料、安宁疗护一体化的健康和养老服务"，并"鼓励社会力量兴办医养结合机构"。

2017年，《国家卫生计生委办公厅关于养老机构内部设置医疗机构取消行政审批实行备案管理的通知》（国卫办医发〔2017〕38号）明确，"养老机构内部设置诊所、卫生所（室）、医务室、护理站，取消行政审批，实行备案管理"，极大简化了审批流程；2017年10月，党的十九大召开，会议报告中明确提出"实施健康中国战略"，并从国家战略的高度提出要"推进医养结合，加快老龄事业和产业发展"。

2019年，国家卫生健康委员会、民政部等12部门印发了《关于深入推进医养结合发展的若干意见》（国卫老龄发〔2019〕60号），提出了包括强化医疗卫生与养老服务衔接、推进医养结合机构"放管服"改革、加大政府支持力度、优化保障政策、加强队伍建设5个方面15项政策措施，进一步明晰了医养结合工作的重点发展方向，有效指导各地医养结合工作的开展。2019年12月，国家卫生健康委员会办公厅等3部门联合印发《医养结合机构服务指南（试行）》（国卫办老龄发〔2019〕24号），对医养结合机构应当提供的服务内容和服务要求做出规范。2020年9月，3部门再次联合印发《医养结合机构管理指南（试行）》（国卫办老龄发〔2020〕15号），对医养结合机构规范化管理提出明确要求，旨在通过提升内部管理质量进而提升服务水平。

在此阶段，我国医养结合顶层设计开始走向落地实操层面，对于实际工作的支持力度和指导作用进一步增强。

（4）持续完善

2022年，国家卫生健康委员会会同国家发展和改革委员会、教育部等10部委印发《关于进一步推进医养结合发展的指导意见》，从发展居家社区医养结合服务、推动机构深入开展医养结合服务、优化服务衔接、完善支持政策、多渠道引才育才、强化服务监管6大方面提出了15条具体措施，总结前期实践经验，推动各地破解难点堵点问题，促进医养结合发展。

2023年，国家卫生健康委员会会同国家中医药局、国家疾控局研究制定了《关于印发居家和社区医养结合服务指南（试行）的通知》（国卫办老龄发〔2023〕18号），对医疗卫生机构在居家和社区环境下所提供的医养结合服务内容和服务要求作出了规范。

在此阶段，我国医养结合开始走向细分化、高质量发展道路，政策支持持续完善，发展路径更加清晰。

2. **主要模式**

从政策层面看，《医养结合机构服务指南（试行）》（国卫办老龄发〔2019〕24号）明确，"医养结合机构是指兼具医疗卫生资质和养老服务能力的医疗机构或养老机构，主要包括养老机构设立或内设医疗机构以及医疗机构设立养老机构或开展养老服务两种形式"。

从实践层面看，医养结合模式主要有以下四种：

（1）"养中办医"模式

在养老机构的基础上增加医疗资源以及配套服务，例如开设老年门诊、康复中心、医务室、护理站、就医绿色通道等，并根据养老机构老年人数量配备相应的护理人员，建立以养老为主、医疗为辅的医养结合模式。

（2）"医养一体化"模式

一般是依托医疗机构提供养老服务，通过医疗机构和养老机构的深入嵌入和融合，例如成立医养结合病区、老年康复病区、老年病专科等多元形式，整合了医疗和养老护理等资源，实现了"医疗-养老-康复"的综合性功能。

（3）"医养签约"模式

即养老机构通过和各级医疗机构签订就诊协议,建立双向转诊机制,医疗机构定期不定期派医护人员到养老机构坐诊或巡诊,或在养老机构设立分院、院区等分支机构。

（4）"互联网+社区医养"模式

即运用互联网、云计算、物联网等技术手段,依托社区卫生服务中心或村卫生室,建立老年人健康档案,对辖区内老年人开展预防、保健、康复、医疗、家庭医生签约等智慧医养服务,以及为居家老年人提供"家护""巡护"等服务,动态掌握老年人的健康信息和服务需求。

3. 数据概要

截至 2022 年末,全国设有国家老年疾病临床医学研究中心 6 个;设有老年医学科的二级及以上综合性医院 5 909 个,建成老年友善医疗机构的综合性医院 8 627 个、基层医疗卫生机构 19 494 个,设有临终关怀（安宁疗护）科的医疗卫生机构 4 259 个。全国医疗卫生机构与养老服务机构建立签约合作关系的达 8.4 万对;两证齐全（指具备医疗机构执业许可或备案,并进行养老机构备案）的医养结合机构共有 6 986 家。

009. 银发经济

概念

"银发经济"又叫老年经济、老年产业,主要是指面向老年人提供多层次、多样化产品和服务的经济。

延伸阅读

1. 产业链条

银发经济包括传统的"衣、食、住、行、用"等实物消费,也包括长期照护、健康管理、医疗保健、护理康复、家政服务、养老金融等服务消费,还有文化、艺术、体育、休闲、娱乐等新型消费,以及科技赋能下的智慧产品和服务,还有居家和公共场所的适老化改造,涵盖了国民经济的很多领域,内容非常丰富,产业链也很长。

2. 发展历程

2020 年,中共中央十九届五中全会提出了"实施积极应对人口老龄化国家战略",其中明确提出"积极开发老龄人力资源,发展银发经济"。这是在我国人口老龄化形势日趋严峻的背景下,首次将"发展银发经济"列入国家战略安排。2020 年 11 月,中共中央、国务院印发了《国家积极应对人口老龄化中长期规划》。

2021 年,《中华人民共和国国民经济和社会发展第十四个五年规划和2035 年远景目标纲要》中提出,"发展银发经济,开发适老化技术和产品,培育智慧养老等新业态";《中共中央 国务院关于加强新时代老龄工作的意见》提出,"积极培育银发经济,编制相关专项规划,完善支持政策体系,统筹推进老龄产业发展";《"十四五"国家老龄事业发展和养老服务体系规划》中将"大力发展银发经济"作为重点任务之一,提出要"发展壮大老年用品产业、促进老年用品科技化、智能化升级、有序发展老年人普惠金融服务"等,并计划"十四五"时期在京津冀、长三角、粤港澳大湾区、成渝等区域,规划布局 10 个左右高水平的银发经济产业园区。可见,发展银发经济已被实际列入国家经济发展规划之中。

3. 发展前景

我国的老年人规模大,发展速度快,面临挑战的同时也蕴含着发展机遇,银发经济就是其中的重要方面。在老龄化程度高的一些发达国家,银发经济已经成为重要的支柱产业。2020 年,中国银发经济总规模约 5.4 万亿元,占全球银发市场比重的 5.56%,与中国老年人口占全球老年人口 20% 以上的比重而言,市场发展大有空间。

010. "9073/9064" 养老服务格局

概念

"9073" 养老服务格局是指 90% 的老人在社会化服务协助下通过家庭照料（居家）养老，7% 的老年人通过购买社区照顾服务（日间照料）养老，3% 的老年人入住养老服务机构集中养老。北京市的养老服务格局为 "9064"。

延伸阅读

1. 起源与发展

2007 年 1 月 24 日，上海市人民政府印发《上海民政事业发展"十一五"规划》（沪府发〔2007〕3 号），首次以文件形式提出 "9073" 的相关概念，即"着力构建与人口老龄化进程相适应的养老福利服务模式，逐步形成居家养老为主，机构养老为辅的养老格局。全市户籍老年人中，90% 由家庭自我照顾，7% 享受社区居家养老（照顾）服务，3% 享受机构养老服务"。2016 年，《上海市老龄事业发展"十三五"规划》将相关表述调整为"以居家为基础、社区为依托、机构为支撑的'9073'养老服务格局进一步完善"。

继上海之后，2008 年底，北京市民政局、市发展和改革委员会、市规划委员会、市财政局以及市国土资源局等五个部门联合下发了《关于加快养老服务机构发展的意见》，提出了 "9064" 养老新模式，即"到 2020 年，90% 的老年人在社会化服务协助下通过家庭照顾养老，6% 的老年人通过政府购买社区照顾服务养老，4% 的老年人入住养老服务机构集中养老"；2021 年 9 月，北京市民政局、北京市规划和自然资源委员会联合印发《北京市养老服务专项规划（2021 年—2035 年）》（京民养老发〔2021〕118 号），提出"进一步完善'9064'养老服务体系"，首次以政策文件形式明确 "9064"。

近年来，"9073" 逐渐在全国范围内推行。2021 年 4 月，国家卫生健康委员会举行新闻发布会，介绍医养结合工作进展成效有关情况。国家卫生健康委员会老龄健康司负责人介绍,我国老年人大多数都在居家和社区养老,形成"9073"的格局,就是90%左右的老年人都在居家养老,7%左右的老年人依托社区支持养老,3%的老年人入住机构养老。

2. 实际数据

《中国民政统计年鉴2022》显示,截至2021年底,全国共有4万个养老机构;年末床位数503.6万张,在院人数225.5万人;在住院人数中,按处理能力分,能力完好者104.4万人,部分失能65.3万人,完全失能55.7万人。根据这些数据可以看出,在2021年全国2.67亿的60岁以上老年人口中,入住养老机构的比例不足1%。首都北京的数据结构也是如此。2023年,北京市委社会工委、市民政局通过调查发现,北京99%以上的老人选择居家养老,仅不到1%的老人选择机构养老,居家养老问题已成为养老工作面临的主要矛盾。"9073/9064"的养老服务格局正在发生改变。

011. 喘息服务

概念

"喘息服务"又称为短期照顾,是让家庭照顾者和其他无偿护理人员从日常的照护压力中得到短暂"喘息"的服务,一般是由政府买单,专业机构上门提供服务或将被照顾者送至专业机构进行短期托养照料。这项人性化的服务被比喻为"养老救火队"。这种"喘息服务",不仅缓解失能、失智老人家庭成员护理的压力,减轻他们的精神负担和经济负担,而且体现了政府的关怀和温情。

延伸阅读

1. 背景与意义

"居家养老"是我国沿袭几千年的传统养老模式,与中国传统的"孝顺"观念相符合,结合其经济成本较低的特征,直到今天依然是我国绝大多数家庭的第一选择。然而,照料老人,尤其是失能、失智老人,是一项长期不间断的辛苦工作,照顾者们被困在家庭中不能脱身,承受着身心双重压力,丧失了自我生活空间,习惯性忽视自身需求,"一人失能,全家失衡"是无数家庭难以言喻的痛楚。全球老龄人口比例较高的国家中,因长期照顾家庭失能、失智亲属导致精疲力竭、心力交瘁所导致的抑郁症、自残、自杀、杀害亲人等悲剧时有发生。他们的煎熬与苦难具有很强的隐匿性,往往被外界所忽略,社会支持程度较低。"喘息服务"的出现能够在一定程度上缓解照顾者的精神压力,帮助其暂时放下重担、短暂休整、重拾社交、调节身心,找回自己的生活空间,其重要性不言而喻。

2. 近年探索

我国喘息服务起步较晚,先后在杭州、上海、广州、南京等地进行了试点工作,反响强烈。我国多个城市和地区近年来开启了地方层面的探索。

2011 年,杭州市西湖区开始实践"喘息服务",每年拿出不少于 200 万元资金,对于经评估后符合条件的失能老人家庭每年提供 5~28 天的"喘息服务"。照顾护理失能老人满 1 年及 1 年以上的西湖区家庭可以申请这项服务。除了日常照护,还对失能老人及其家庭成员进行心理疏导、心理干预,以减轻失能老人家庭内部的照料负担,提高照护水平,提升失能老人生活质量。

2014 年,广州市首次提出为失能失智老人及其家庭提供"喘息服务",包括为失能半失能长者提供临托服务,为其家人提供专业照料指导,为老人及其家人提供心理和实质性支持。

2018 年,北京丰台区推出"喘息服务"试点,由政府"买单",请专业护理人员上门照料老人或是把老人接到养老机构,享受专业照护服务,让长期承担失能、失智老年人居家照护的家庭成员得到一个短暂的休息,统一标准为每月500 元。据统计,2019—2020 年累计提供"喘息服务"1.6 万余人次。

2018 年,南京市印发《养老喘息服务和老年人购买紧急呼叫服务补贴办法(试行)》(宁民福〔2018〕81 号),决定通过政府购买服务的方式,向居家重度失能老人免费提供一定时间照护服务,让长期照料老人的家属得以喘息,疏解压力,减轻照料负担。该文件明确,服务提供方为 AAA 级以上等级的养老机构和社区居家养老服务中心,每位老人每年(指自然年)服务 15 天,每天按照 150 元上限核算。

2021 年 12 月,国务院印发的《关于印发"十四五"国家老龄事业发展和养老服务体系规划的通知》(国发〔2021〕35 号)提出,"探索开展失能老年人家庭照护者'喘息服务'",喘息服务被正式提上"十四五"规划议程。随着我国老龄化程度不断加深,社会对此项服务的需求也将呈持续上涨态势,各界的重视程度也将不断加深。

012. 安宁疗护

概念

我国将临终关怀、舒缓医疗、姑息治疗等统称为安宁疗护,是指为疾病终末期或老年患者在临终前提供身体、心理、精神等方面的照料和人文关怀等服务,控制痛苦和不适症状,提高生命质量,帮助患者舒适、安详、有尊严地离世。

延伸阅读

1. 顶层设计

近年来,国家层面在加强安宁疗护工作的顶层设计等方面开展了一系列工作。2016 年 11 月,《全国护理事业发展规划(2016—2020 年)》(国卫医发〔2016〕64 号)提出,"鼓励社会力量积极举办老年护理服务机构。有条件的地区设立安宁疗护中心","加快制定安宁疗护机构准入、服务规范、人才培养的有关政策,健全并完善相关机制,逐步提升安宁疗护服务能力"等要求。

2018 年,国家卫生健康委员会联合国家发展和改革委员会、教育部等 11 部委印发《关于促进护理服务业改革与发展的指导意见》(国卫医发〔2018〕20 号),提出了到 2020 年,"护理院、护理中心、康复医疗中心、安宁疗护机构等接续性医疗机构数量显著增加,康复护理、老年护理、残疾人护理、母婴护理、安宁疗护等服务供给不断扩大"的目标要求。

2019 年印发的《关于加强老年护理服务工作的通知》(国卫办医发〔2019〕22 号) 也提出,"支持和引导社会力量举办规模化、连锁化的护理站、护理中心、康复医疗中心、安宁疗护中心等,增加辖区内提供老年护理服务的医疗机构数量","通过家庭医生签约服务等多种方式,为老年患者提供疾病预防、医疗护理、慢性病管理、康复护理、安宁疗护等一体化服务"。

2021 年,《"十四五"国家老龄事业发展和养老服务体系规划》(国发〔2021〕35 号)中将"发展老年医疗、康复护理和安宁疗护服务"作为完善老年健康支撑体系的重点工作之一,提出"推动医疗卫生机构按照'充分知情、自愿选择'的原则开展安宁疗护服务。稳步扩大安宁疗护试点,推动安宁疗护机构标准化、规范化建设。支持社区和居家安宁疗护服务发展,建立机构、社区和居家相衔接的安宁疗护服务机制。加强对社会公众的生命教育"。

2022 年,《"十四五"健康老龄化规划》(国卫老龄发〔2022〕4 号)全文有 20 处提及安宁疗护,特设"安宁疗护服务发展专项工程"专栏,要求深入开展全国试点工作,建设相关培训基地,并"鼓励康复护理机构、安宁疗护机构纳入医联体网格管理,建立畅通合理的转诊机制,为网格内老年人提供疾病预防、诊断、治疗、康复、护理等一体化、连续性医疗服务"。

2. 标准指南

服务实践方面,2017 年,国家卫生计生委印发《关于印发安宁疗护中心基本标准和管理规范(试行)的通知》(国卫医发〔2017〕7 号)、《关于印发安宁疗护实践指南(试行)的通知》(国卫办医发〔2017〕5 号),明确了安宁疗护中心的准入标准、服务规范和操作规范,促进了安宁疗护机构的规范化建设,明确了部分安宁疗护实践的护理要点及注意事项。

人才队伍方面,2019 年,《老年护理专业护士培训大纲(试行)》《老年护理实践指南(试行)》等技术性文件出台,指导各地开展老年护理专业护士培训,加大老年护理,包括安宁疗护从业人员的培训力度,同时,进一步规范老年护理实践行为,提高老年护理服务能力。

3. 试点推广情况

自 2015 年以来,国家相继出台了一系列安宁疗护政策。2017 年 10 月,

《关于开展安宁疗护试点工作的通知》（国卫办家庭函〔2017〕993号）印发，选定北京市海淀区、上海市普陀区等五个地区作为全国第一批安宁疗护工作试点市（区）；2019年5月，《关于开展第二批安宁疗护试点工作的通知》（国卫办老龄函〔2019〕483号）提出在上海市和北京市西城区等地启动第二批试点；2023年7月，《国家卫生健康委办公厅关于开展第三批安宁疗护试点工作的通知》（国卫办老龄函〔2023〕128号）确定北京市、浙江省、湖南省为第三批国家安宁疗护试点省（市），天津市南开区等61个市（区）为第三批国家安宁疗护试点市（区），并提出明确目标，"要求到2025年，在每个国家安宁疗护试点市（区），每个县（市、区）至少设立1个安宁疗护病区，在有条件的社区卫生服务中心和乡镇卫生院设立安宁疗护病床，建立覆盖试点地区全域、城乡兼顾的安宁疗护服务体系"，并明确提出发展目标，即"到2025年，在每个国家安宁疗护试点市（区）、每个县（市、区）至少设立1个安宁疗护病区，建立覆盖试点地区全域、城乡兼顾的安宁疗护服务体系"。

截至2022年末，全国设有临终关怀（安宁疗护）科的医疗卫生机构已高达4259个，较2021年（1027个）增长近4倍。

老 年 人

013. 高龄老人

概念

高龄老人指年满 80 周岁及以上的老年人。

延伸阅读

1. 人口数据

2020 年,我国 80 岁及以上人口有 3 580 万人,占总人口的比重为 2.54%,比 2010 年增加了 1 485 万人,占比提高了 0.98%。

2. 优惠政策

《中华人民共和国老年人权益保障法》(主席令第七十二号)第三十三条明确规定"国家鼓励地方建立八十周岁以上低收入老年人高龄津贴制度"。2021 年 3 月,国家发展和改革委员会等 21 个部门联合印发《国家基本公共服务标准(2021 年版)》(发改社会〔2021〕443 号),将"为 80 岁以上老年人发放高龄津贴"作为"老有所养"方面的基本公共服务标准,具体认定评估办法及补贴标准由地方人民政府负责,民政部作为行业主管部门牵头落实。

以北京为例,高龄老年人津贴标准为:① 80 周岁至 89 周岁的老年人,津贴标准为每人每月 100 元;② 90 周岁至 99 周岁的老年人,津贴标准为每人每月 500 元;③ 100 周岁及以上的老年人,津贴标准为每人每月 800 元。

截至 2022 年年末,全国享受高龄津贴的老年人达 3 406.4 万人。

014. 自理老人

概念

自理老人即健康老人,指生活行为基本可以独立进行,自己可以照料自己的老年人。

延伸阅读

1. 标准要求

根据国家卫生健康委员会 2022 年发布的《中国健康老年人标准》(WS/T 802—2022),中国健康老年人应满足下述要求:

(1)生活自理或基本自理;

(2)重要脏器的增龄性改变未导致明显的功能异常;

(3)影响健康的危险因素控制在与其年龄相适应的范围内;

(4)营养状况良好;

(5)认知功能基本正常;

(6)乐观积极,自我满意;

(7)具有一定的健康素养,保持良好生活方式;

(8)积极参与家庭和社会活动;

(9)社会适应能力良好。

2. 评估内容及方法

根据《中国健康老年人标准》(WS/T 802—2022),对于健康老年人的评估主要从躯体健康(50 分)、心理健康(30 分)、社会健康(20 分)三个维度开展,每个维度下细分二级、三级指标,每项三级指标对应不同分值,总和满分为 100 分。

评估人员通过询问评估对象或其照顾者,填写量表并进行逐项评估,计算每个维度的分值后加总,对照评估表得出最终评定结果(表3)。

表3　中国老年人健康状态评估标准表

健康状态	评估标准
健康	80~100 分,且健康评估三个维度均为健康
基本健康	不满足"健康"和"不健康"评估标准
不健康	59 分及以下,或躯体健康维度为不健康,或心理健康维度为不健康,或社会健康维度总分为零

3. 福利政策

《国家基本公共服务标准(2021 年版)》(发改社会〔2021〕443 号)中除基本养老保险外,我国 65 岁及以上老年人还享有健康管理、福利补贴等两项补助政策。健康管理方面,该标准要求,"每年为辖区内 65 岁及以上常住居民提供 1 次生活方式和健康状况评估、体格检查、辅助检查和健康指导等服务;每人每年提供 1 次中医体质辨识和中医药保健指导",服务标准参照国家《基本公共卫生服务规范(第三版)》及相应技术方案执行,具体由中央财政和地方财政共同承担支出责任;福利补贴方面,要求"为 65 岁及以上的老年人提供能力综合评估,做好老年人能力综合评估与健康状况评估的衔接。为经济困难的老年人提供养老服务补贴。为经认定生活不能自理的经济困难老年人提供护理补贴。为 80 岁以上老年人发放高龄津贴。"

015. 介助老人(半失能)

概念

介助老人指生活行为需依赖他人和辅助设施帮助的老年人,主要指半失能老年人。

016. 介护老人（失能老人）

概念

介护老人指生活行为需依赖他人护理的老年人，主要指失能老年人。

延伸阅读

1. 测定工具

通常用日常生活活动能力（activities of daily living, ADL）或工具性日常生活活动能力（instrumental activities of daily living, IADL）来测定老年人的独立生活自理能力。如果一个老年人没有能力执行其中一项 ADLs 或 IADLs，则其存在一项功能障碍。

2. 划分标准

世界卫生组织将失能老年人定义为：完成一项或几项 ADL 时存在障碍，或者是完成一项或几项 IADL 时存在障碍的老年人。如果一个老年人在完成一项或多项日常生活活动上存在障碍，则意味着对外部照料护理的依赖性比较大，需要密集的、长期的日常生活照护。

中国老龄科学研究中心"关于失能老人的判定标准"为：选取吃饭穿衣、上厕所、上下床、在室内走动和洗澡 6 项 ADL 指标，每项以"做不了""有些困难""不费力"三个等级进行测评。只要有一项 ADL"做不了"即为完全失能老年人；没有任何一项 ADL"做不了"，有至少一项 ADL"有些困难"即为半失能老年人；没有任何一项 ADL"做不了"或"有些困难"即为完全自理老年人。

3. 失能人群数据概要

根据全国老龄办、民政部、财政部 2016 年共同发布的第四次中国城乡老年人生活状况抽样调查结果，截至 2015 年年末，我国失能、半失能老年人大致为 4 063 万人。从占比看，我国城乡在家居住的老年人中有 4.2% 为失能老年人，其中有 1.3% 为重度失能老年人，0.5% 为中度失能老人，2.3% 为轻度失能老人；从分布看，城市 4% 的老年人失能，自理占 96%；农村失能老年人占 4.3%，略高于城市；从性别看，男性失能的比例低于女性；从年龄看，年龄越高的老年人生活自理能力越差。60 岁老年人中失能的比例占 1.1%，70 岁老年人中失能的比例占 2.7%，80 岁老年人的失能率上升到 8.8%，而在 90 岁人群中则有高达 24.3% 的老年人失能。

慢性病是导致老年人生活自理能力缺损的一个重要原因。超过九成（97%）的失能老年人自报患有慢性病，失能老年人患有一种慢性病者占 21.11%，患有两种慢性病者占 29.7%，患有三种及以上慢性病的比例为 46.2%，远远高于生活自理的老年人（24.64%）。

失能老年人占老年人口的比重从 2000 年的 6.7% 下降到 2006 年的 6.4%，2010 年下降到 6.3%，2015 年大幅下降到 4.2%。其中，轻度失能老年人占总体老年人口的比重呈下降趋势，从 2000 年的 5.8% 下降到 2015 年的 2.3%；相反，重度失能老年人占总体老年人口的比重呈上升趋势，从 2000 年的 0.5% 上升到 2015 年的 1.3%。

4. 补贴政策

2021 年 3 月国家发展和改革委员会等 21 个部门联合印发的《国家基本公共服务标准（2021 年版）》（发改社会〔2021〕443 号），将"为经认定生活不能自理的经济困难老年人提供护理补贴"作为"老有所养"方面的基本公共服务标准，具体认定评估办法及补贴标准由地方人民政府负责，民政部作为行业主管部门牵头落实。

以北京为例，失能老年人护理补贴标准为：①经能力综合评估为重度失能的老年人，残疾等级为一级的视力、肢体、智力、精神残疾老年人，残疾等级为二级的智力、精神残疾老年人中的多重残疾老年人，补贴标准为每人每月 600 元；②残疾等级为二级的视力、肢体残疾老年人，残疾等级为二级、三级的智力、精神残疾老年人，补贴标准为每人每月 400 元；③残疾等级为一级、二级的听力、言语残疾老年人，补贴标准为每人每月 200 元。

截至 2022 年年末，全国享受护理补贴的老年人 94.4 万人；领取残疾人两项补贴的老年人 911.7 万，总金额 151.2 亿元。

017. 孤寡老人

概念

孤寡老人指无配偶,无子女,无人照顾,年满 60 周岁以上,丧失劳动能力的老年人。

延伸阅读

1. 人口数据

2010 年,我国 60 岁以上孤寡独居老人有 1 824.39 万人(户),其中 65 岁及以上孤寡老人户增加到 1 443.97 万户,2000—2010 年我国 65 岁及以上孤寡老人户增加 660.46 万户(年均增加 66.05 万户),增加了 843%,年平均增长率达到 6.30%。从城、镇、乡构成比来看,城市、城镇和乡村 65 岁及以上的孤寡老人户占比分别为 25.4%、18.4% 和 56.2%。如果孤寡独居老人平均每年的死亡率按照 35‰ 计算,则 2020 年、2025 年、2030 年我国孤寡独居老人数量为 1 988 万、2 125 万和 2 270 万人,分别比 2010 年增加 9.0%、16.5% 和 24.5%。

2. 权益保护

我国历来高度重视孤寡老年人的权益保护工作。

《中华人民共和国老年人权益保障法》规定:"老年人无劳动能力、无生活来源、无赡养人和扶养人,或者其赡养人和扶养人确无赡养能力或者扶养能力的,由地方各级人民政府依照有关规定给予供养或者救助。""政府投资兴办的养老机构,应当优先保障经济困难的孤寡、失能、高龄等老年人的服务需求。"

党的十八届五中全会提出建立健全农村留守老年人关爱服务体系。党的十九届五中全会提出实施积极应对人口老龄化国家战略,健全基本养老服务体系。

近年来,民政部积极贯彻党中央、国务院有关决策部署,会同相关部门将孤寡老年人权益保障列为重点工作大力推进。在加强政策保障支持力度方面,民政部等 9 部门于 2017 年联合印发《关于加强农村留守老年人关爱服务工作的意见》(民发〔2017〕193 号),民政部办公厅 2019 年印发《关于进一步做好贫困地区农村留守老年人关爱服务工作的通知》(民办发〔2019〕31 号),形成了配套完善的政策体系。在完善农村孤寡老年人生活保障体系方面,民政部门不断健全完善老年人福利补贴制度,提升孤寡老年人生活质量。我国已初步形成了老年人福利补贴、社会救助和特困供养等相衔接、广覆盖、可持续的孤寡老年人生活保障体系。

党的二十大提出"优化孤寡老人服务,推动实现全体老年人享有基本养老服务",《中共中央 国务院关于加强新时代老龄工作的意见》要求制定基本养老服务清单,对不同老年人群体提供分类服务。《国家积极应对人口老龄化中长期规划》明确提出建立特殊困难老年人探访制度,并提出了到 2025 年特殊困难老年人月探访率达到 100% 的目标。

018. 空巢老人

概念

空巢老人指未与其法定赡养人共同生活或无法确定赡养人、扶养关系的老年人,包括夫妻共同居住和单身居住。

延伸阅读

1. 人口数据

第四次中国城乡老年人生活状况抽样调查显示,2015 年,在全国老年人口中,独居老人占比为 13.1%,仅与配偶同住的老年人占比为 38.2%,与子女同住的老年人占比为 41.7%,与高龄父母同住的占比为 1.7%。数据显示,半数以上老年人独居或仅与配偶同住,与人共居老年人已不足一半,表明当前老年人家庭结构小型化趋势突出。女性老年人独居(15%)和与子女同住(44.5%)

的比例要高于男性老年人(分别为 11.0% 和 38.7%),仅与配偶同住的比例(34.2%)要低于男性老年人(42.6%)。另外,与城市老年人相比,农村老年人独居和与其他人同住的比例更高。农村女性老年人独居的比例最高,达到 15.4%,城市男性老年人独居的比例最低,为 9.0%。

民政部 2022 年第四季度例行新闻发布会上,养老服务司副司长李邦华介绍,据调查,我国空巢老年人占比目前已超过一半,部分大城市和农村地区,空巢老年人比例甚至超过 70%,大量老年人不与子女或其他家人共同居住生活,面临着居家养老的许多生活不便或困难,甚至是安全隐患。按照 2021 年末,全国 60 周岁及以上老年人口数据 2.67 亿人计算,我国空巢老人数量超过了 1.3 亿人。

2. 空巢成因

一是改革开放以来,经济社会快速发展,城镇化进程不断加快,大量农村适龄青壮年劳动力进城务工,而老人却大多留守农村,农村老龄化现状比城市更加严重。另外随着高等教育的发展,每年高考录取学生数量规模较大,很多人读完大学后选择留在城市工作。根据第七次全国人口普查数据显示,2020 年,我国人户分离人口达 4.93 亿人,约占总人口的 35%。其中,跨省流动人口达到 1.25 亿人,省内流动达到 2.51 亿人。此外,还有部分青年远赴海外求学工作,根据教育部数据,1978—2019 年,各类出国留学人员累计达 656.06 万人,其中 165.62 万人定居国外进行相关阶段的学习或研究,难以常伴父母身边。

二是计划生育政策实施以来,我国家庭结构逐渐向 "421" 转变,即 4 个父母长辈、1 个小孩以及 2 个年轻人组成的家庭结构,这客观上要求年轻人有较为稳定的经济来源,才能支撑起赡养老人、抚养孩子的家庭责任。因此,年轻人普遍工作繁忙,缺少照顾老人的时间精力。同时,随着国民受教育程度的整体提升,思想观念不断转变,代际之间普遍存在生活习惯、教育理念等方面的代沟,老年人与子女双方都更愿意选择单独居住,以此避免共同生活中的不便与矛盾,进一步导致空巢家庭数量的增加。

3. 主要形式

（1）有相当多的子女与父母居住在同乡或同城。这种情况下，成年子女与老人可以就近居住甚至共同居住。比如有些与子女在同一个城市里的老人，他们有自己的生活圈子、饮食、习惯，喜欢住在原有的老旧小区，或者出于喜欢自由等原因，老人和子女有分开居住的需求。

（2）实际上，有相当多的空巢老人面临的情况是，老人与成年子女在不同的城市，有很多是不同的省份，比如在珠三角，大量年轻人来自湖南、广西等地，父母还在老家。其中，有部分老人出于生活习惯等因素，不愿意离开家乡，不愿意随子女到大城市生活。但也有相当大一部分老人愿意进城与成年子女同住，照看孙辈，只是受限于住房、医疗等问题，这一想法实现起来存在不少难度，只能继续留守家乡。比如，受制于北京、上海、广州、深圳、杭州、南京、厦门等一线、二线大城市的高房价，部分成年子女虽在大城市买了房，但房子面积小，住起来"不方便"。一部分成年子女在城市租房居住，受制于高租金，居住空间也较小。这部分群体要照顾老人就存在居住成本方面的障碍，如果老人跟子女共同居住的话，对于居住空间的需求就会更大一些。这无形之中就大幅增加了家庭的购房成本。

019. 失独老人

概念

失独老人指独生子女离世的老年人。

延伸阅读

1. 人口数据

中国社科院人口与劳动经济研究所研究员王广州在北京大学举行的"中国人口政策改革研讨会"上指出，经分析推算，2010 年，全国累计死亡独生子女超百万。如果现行生育政策不变，到 2050 年，中国累计死亡 10 岁及以上独生子女将超过 1 100 万人。

2011 年,中国计划生育协会对 14 个省的 1 500 余户失独家庭开展调查,发现部分家庭在生活、养老、健康等方面存在困难。一是经济状况较差,超过一半的家庭达不到当地平均水平;二是患病率较高,近一半失独父母患有抑郁症,超过 60% 患有慢性病,70%~80% 存在不同程度的精神创伤或心理障碍;三是照料资源缺乏,失独父母在生病或年老时,或相依为命,或仅靠邻居帮忙。其心态普遍存在比较自卑、自闭,不与他人交往、脱离社会等问题。客观上,他们社会生活和社区活动参与能力降低;主观上,无能感日益增强,社会尊严感降低。

婚姻家庭不稳定。三角形状的中国独生子女家庭结构,本身支点集中,失独现象一旦出现,就会造成家庭整体的结构性瓦解。失独可能引发一连串的连锁反应,可能导致夫妻感情破裂,家庭瓦解。因失独引发的婚姻解体情况不在少数。甚至有部分失独的爸爸抛下失独的妈妈,另辟一段婚姻,使得原本承受能力、抵御风险能力弱的家庭出现更加艰难的处境。

2. 特别扶助政策

根据财政部、国家卫生健康委员会印发的《关于提高计划生育家庭特别扶助制度扶助标准的通知》(财社〔2022〕49 号)最新标准,独生子女死亡家庭特别扶助金标准由每人每月 450 元提高至每人每月 590 元;独生子女伤残家庭特别扶助金标准由每人每月 350 元提高至每人每月 460 元。

老年人常见疾病

020. 阿尔茨海默病

概念

阿尔茨海默病（Alzheimer's disease，AD）是指发生于老年和老年前期、以进行性认知功能障碍和行为损害为特征的中枢神经系统变性病变。临床上表现为记忆障碍、失语、失认、视空间能力下降、抽象思维和计算力损害、人格和行为改变等。

延伸阅读

1. 国际日

9 月 21 日，是"世界阿尔茨海默病日"。

2. 风险因素与预防

目前，全球尚未研发出治疗阿尔茨海默病的特效药物或有效治疗方法，因此，在疾病早期积极采取预防和干预措施，是有效延缓疾病发生和发展的不二法宝。然而在实际中，很多老年人包括其家属均认为记忆力下降只是自然衰老的一种正常表现，严重缺乏早期筛查意识，等到患者表现出明显的临床症状时，神经元已损伤大半，基本上难再逆转。《健康中国行动（2019—2030 年）》明确提出"到 2022 年和 2030 年，65~74 岁老年人失能发生率有所下降"的行动目标。增强全社会的痴呆症预防意识，倡导阿尔茨海默病要早筛、早诊、早治,已经成为全社会共同的责任。

2020 年,《柳叶刀》痴呆症预防、干预和护理委员会列出了导致发生痴呆症的 12 个已确定的"可变"风险因素。通过身体影响大脑的 9 个因素包括:听力损失、吸烟、高血压、肥胖、缺乏运动、糖尿病、过量饮酒、空气污染和外伤性脑损伤;其他因素包括青少年缺乏教育、抑郁和社交孤立。

根据首都医科大学宣武医院贾建平教授团队研究,共发现 12 种可导致痴呆症的风险因素,其中增龄、性别、家族遗传史等 3 种为不可控因素,其余包括居住环境、文化程度、婚姻状况、吸烟、高血压、高血脂、糖尿病、心脏病、脑血管病等 9 种因素,如果能够加强控制,就会大大降低痴呆症的患病率。

综合来看,想要有效预防痴呆症的发生,需要提升对这一疾病的认识与敏感性,注重平时减少深加工食品与过多脂肪的摄入,定期运动锻炼,保持充足且良好的睡眠,不吸烟不酗酒,保持社交,坚持学习,养成良好的生活习惯,降低风险发生概率,积极主动防治。

3. 疾病负担

阿尔茨海默病的病程长,合并症复杂,患者大多需要长期护理,这也使得其照顾者在心理、身体和经济上都承受着极大压力,给家庭和社会带来沉重的医疗、照料和经济负担。

从全球情况看,根据国际阿尔茨海默病协会的最新预估数据,预计到 2030 年,痴呆症相关的诊治费用将从 2019 年的每年 1.3 万亿美元增加到 2.8 万亿美元。从国内情况看,基于我国人口基数大、老龄化进程快、"未富先老"等特征,照顾负担整体高于全球水平。2019 年 4 月,贾建平教授团队在《柳叶刀》子刊 The Lancet Neurology 期刊上发表综述,揭示了中国认知症的流行病学研究数据、临床管理以及研究进展。研究团队联合国内 30 个省、自治区、直辖市共 81 家中心,对 2015 年中国 AD 患者的人均年花费、中国 AD 所致总费用进行了调查,并对今后数十年内我国乃至全球 AD 经济负担进行了相对准确的预估。调研显示,2015 年,中国认知症患者的每人每年护理总费用近 2 万美元,全国每年因痴呆症造成的费用高达 1 680 亿美元,占国内生产总值的 1.47%,高于全球平均水平(1.09%),其中超过一半为非直接成本,比如患者和家庭成员因生病及承担照顾任务而误工所产生的损失。这一数字预计还将不断上升,到 2030 年,经济负担将增加几乎 2 倍,到 2050 年将翻 10 倍多。

4. 数据概要

从全球情况看,根据世界卫生组织数据显示,2019 年,全球痴呆症患者人数超过 5 500 万,其中 60% 以上生活在低收入和中等收入国家,每年新增病例近 1 000 万,预计到 2050 年,全球患病人数可达 1.39 亿。痴呆症是由直接和间接损害大脑的多种不同疾病或损伤引起的,阿尔茨海默病是最常见的形式,可能占病例数的 60%~70%。以此推算,截至 2023 年年末,全球阿尔茨海默病患者数量也已达到 5 700 万至 6 650 万之间。

从国内情况看,2020 年,贾建平教授领衔的团队在《柳叶刀》子刊 *The Lancet Public Health* 发表论文,对中国 60 岁以上成人的痴呆症和轻度认知障碍的患病、危险因素和管理现状进行了全面研究。研究发现,在中国痴呆症(阿尔茨海默病、血管性痴呆症和其他痴呆症)和轻度认知障碍的患病率非常之高。在 60 岁以上老年人中,经年龄和性别调整的痴呆症患病率约为 6.0%,阿尔茨海默病患病率为 3.9%,这相当于 1 507 万痴呆症老年患者中,就有 983 万患有阿尔茨海默病。2021 年 5 月,中国老龄协会发布的《认知症老年人照护服务现状与发展报告》预测,2030 年我国老年痴呆人数将达到 2 220 万,2050 年将达到 2 898 万。

021. 骨关节炎

概念

根据中华医学会骨科学分会发布的《骨关节炎诊疗指南(2018 年版)》定义,骨关节炎(osteoarthritis,OA)是指由多种因素引起关节软骨纤维化、皲裂、溃疡、脱失而导致的以关节疼痛为主要症状的退行性疾病。病理特点为关节软骨变性破坏、软骨下骨硬化或囊性变、关节边缘骨质增生、滑膜病变、关节囊挛缩、韧带松弛或挛缩、肌肉萎缩无力等。

延伸阅读

1. 国际日

10 月 12 日,是"世界关节炎日"。

2. **疾病治疗**

骨关节炎的治疗目的主要是缓解疼痛,延缓疾病进展,矫正畸形,改善或恢复关节功能,提高患者生活质量;总体治疗原则是依据患者年龄、性别、体重、自身危险因素、病变部位及程度等选择阶梯化及个体化治疗。根据《骨关节炎诊疗指南(2018 年版)》,治疗方法主要分为基础治疗、药物治疗、手术治疗三大类。其中,基础治疗对病变程度不重、症状较轻的 OA 患者是首选的治疗方式。强调改变生活及工作方式的重要性,使患者树立正确的治疗目标,减轻疼痛、改善和维持关节功能,延缓疾病进展。药物治疗是根据 OA 患者病变的部位及病变程度,内外结合,进行个体化、阶梯化的药物治疗。手术治疗主要包括关节软骨修复术、关节镜下清理手术、截骨术、关节融合术及人工关节置换术,适用于非手术治疗无效、影响正常生活的患者,主要目的是减轻或消除患者疼痛症状、改善关节功能和矫正畸形。

3. **数据概要**

骨关节炎是一种严重影响患者生活质量的关节退行性疾病,给患者、家庭和社会造成了沉重的负担。OA 不但会导致关节疼痛、畸形与功能障碍,还会显著升高心血管事件、下肢深静脉血栓栓塞、髋部骨折及全因死亡率的风险。目前,骨关节炎的病因尚不明确,其发生与年龄、超重、炎症、关节损伤史及遗传因素等有关。骨关节炎分为原发性和继发性,原发性多发生于中老年人群,其患病率随着年龄的增加而增加。

国际数据看,2023 年,《柳叶刀》子刊 *The Lancet Rheumatology* 刊登题为 *Global, regional, and national burden of osteoarthritis, 1990—2020 and projections to 2050: a systematic analysis for the Global Burden of Disease Study 2021* 的研究,

分析了 30 年来（1990—2020 年）全球 204 个国家和地区的骨关节炎数据。研究发现，在这 30 年中，在老龄化、人口增长、肥胖超重等 3 个因素的共同作用下，骨关节炎的患病人数迅速增加。1990 年，骨关节炎患者约有 2.56 亿人，到了 2020 年，这一数字上升到 5.95 亿人，较 1990 年增长了 132%。预计到 2050 年，全球预计有近 10 亿人受骨关节炎困扰。分年龄段看，骨关节炎的患病率随着年龄的增加而增加。2020 年，25~49 岁人口的患病率为 2 983.5/10 万例；年龄在 50~69 岁的人口患病率为 23 237.2/10 万例；年龄≥70 岁的人口患病率为 38 418.9/10 万例。国内数据看，根据国家卫生健康委员会发布的数据显示，我国骨关节炎的总患病率达 15%，保守估计患者超过 1 亿；分年龄段看，我国 40 岁及以上人群不同年龄段原发性骨关节炎的患病率分别为：30.1%（40~49 岁）、48.7%（50~59 岁）、62.2%（60~69 岁）和 62.1%（70 岁以上），其中女性 OA 患病和发病风险明显高于男性。

022. 原发性骨质疏松

概念

根据中华医学会骨质疏松和骨矿盐疾病分会发布的《原发性骨质疏松症诊疗指南（2022）》定义，骨质疏松症（osteoporosis）是一种以骨量低下、骨组织微结构损坏，导致骨脆性增加，易发生骨折为特征的全身性骨病。2001 年美国国立卫生研究院将其定义为骨强度下降和骨折风险增加为特征的骨骼疾病。依据病因，骨质疏松症分为原发性和继发性两大类，原发性骨质疏松症包括绝经后骨质疏松症（Ⅰ型）、老年骨质疏松症（Ⅱ型）和特发性骨质疏松症（青少年型）。绝经后骨质疏松症一般发生在女性绝经后 5~10 年内；老年骨质疏松症一般指 70 岁以后发生的骨质疏松；特发性骨质疏松症主要发生在青少年，病因尚未明确。

延伸阅读

1. 国际日

10 月 20 日，是"世界骨质疏松日"。

2. 危险因素

根据相关临床指南，骨质疏松症危险因素分为不可控因素和可控因素。其中，不可控因素包括种族、增龄、女性绝经、脆性骨折家族史等；可控因素包括不健康的生活方式（体力活动少、阳光照射不足、吸烟、过量饮酒、钙和 / 或维生素 D 缺乏、低体重等）、患有影响骨代谢的疾病、服用影响骨代谢的药物三大类。

3. 疾病危害

骨质疏松症是中老年常见的多发病，有"沉默的杀手"之称，其导致的骨质疏松性骨折（或称脆性骨折）是老年患者致残和致死的主要原因之一。骨质疏松性骨折是指受到轻微创伤（相当于从站立高度或更低的高度跌倒）即发生的骨折，常见部位包括椎体、前臂远端、髋部、肱骨近端和骨盆等，其中椎体骨折最为常见。根据中国疾病预防控制中心数据，骨折后患者的 5 年预期生存时间仅为同龄非骨折者的 80%。髋部骨折是致死率最高的类型，每 5 人中有 1 人在 1 年内死亡，年龄越大，死亡风险越高；约 50% 患者致残，生活质量明显下降。椎体骨折也会显著增加死亡风险。同时，骨折后患者即使存活，也常遗留慢性疼痛和残疾等问题，不仅严重影响患者生活质量，而且增加家庭照护成本。根据《原发性骨质疏松症诊疗指南（2022）》中预计，至 2035 年，我国用于主要骨质疏松性骨折（腕部、椎体和髋部）的医疗费用将达 1 320 亿元；而至 2050 年，该部分医疗支出将攀升至 1 630 亿元。

4. 疾病防治

骨质疏松症的发生与基础骨量积累和增龄后骨量流失密切相关。随着我国城市化、人口老龄化进程的不断加快，不健康生活方式的增加，我国骨质疏松症的防控形势不容乐观。同时，由于骨质疏松症前期通常没有明显的临床表现，公众的预防意识不足，相关认识不充分，大部分人都是在出现明显疼痛、变形和骨折等情况后才发觉患病，往往延误了防治的最有利时机。

骨质疏松症的防治措施主要包括基础措施、药物干预和康复治疗。基础措施包括加强营养、均衡膳食、充足日照、戒烟限酒、规律运动生活方式调整和使用钙剂、维生素 D 等骨健康基本补充剂；药物干预主要是在医生指导下，使用有效的抗骨质疏松药物治疗，可以增加骨密度，改善骨质量，显著降低骨折的发生风险；康复治疗主要包括运动疗法、物理因子治疗、作业疗法及康复工程等。

5. 数据概要

2018 年 10 月，国家卫生健康委员会首次发布的中国骨质疏松症流行病学的调查结果显示，骨质疏松症已经成为我国 50 岁以上人群的重要健康问题，中老年女性骨质疏松问题尤为严重。我国 40~49 岁人群骨质疏松症患病率为 3.2%，其中男性为 2.2%，女性为 4.3%；我国 50 岁以上人群骨质疏松症患病率为 19.2%，其中男性为 6.0%，女性为 32.1%；65 岁以上人群骨质疏松症患病率达到 32.0%，其中男性为 10.7%，女性为 51.6%。我国男性骨质疏松症患病率水平与各国差异不大，女性患病率水平显著高于欧美国家，与日韩等亚洲国家相近。

调查还发现，我国低骨量人群庞大，是骨质疏松症的高危人群。我国 40~49 岁人群低骨量率达到 32.9%，其中男性为 34.4%，女性为 31.4%；50 岁以上人群低骨量率为 46.4%，其中男性为 46.9%，女性为 45.9%。

此外，居民对骨质疏松症认知普遍不足，骨密度检测率亟待提高。20 岁以上人群骨质疏松症相关知识知晓率仅为 11.7%，其中男性为 10.5%，女性为 13.0%，城市地区为 17.8%，农村地区为 8.1%。在骨质疏松症患者中，知晓自己患病的比例也较低，40~49 岁骨质疏松症患者的患病知晓率为 0.9%，50 岁以上患者的患病知晓率也仅为 7.0%。20 岁以上人群中，接受过骨密度检测的比例仅为 2.8%，其中男性为 2.5%，女性为 3.2%，城市地区为 5.0%，农村地区为 1.5%。50 岁以上人群中，接受过骨密度检测的比例为 3.7%，其中男性为 3.2%，女性为 4.3%，城市为 7.4%，农村为 1.9%。

023. 肌少症

概念

根据《老年人肌少症防控干预中国专家共识(2023)》定义,肌少症(sarcopenia)是指与增龄相关的骨骼肌质量和肌肉力量或躯体功能下降,多见于老年人。因其发病率高、起病隐匿、对机体影响广泛等特点,对我国家庭医疗负担与社会公共卫生支出带来巨大影响。

延伸阅读

1. 危险因素

根据共识,肌少症的危险因素较多。原发性肌少症只与年龄相关,增龄带来的各器官功能减退、激素水平改变,均可导致运动能力下降、肌肉质量和肌肉力量丢失。此外,长期卧床、久坐、长期酗酒、吸烟、膳食摄入能量、蛋白质及维生素不足、原有的慢性疾病、手术、恶性肿瘤、内分泌疾病、多器官衰竭、某些药物治疗等因素均可导致肌少症的发生。

2. 疾病危害

肌少症严重影响老年人的生活质量。肌肉减少、肌力衰退使老年人的活动能力下降,造成部分日常动作完成困难,甚至导致频繁摔倒、乏力,死亡风险明显增加。除此之外,肌少症患者的心血管疾病发生率远高于正常人。2022年9月,西安交通大学第一附属医院和空军军医大学的学者联合在《柳叶刀》子刊 *The Lancet eClinicalMedicine* 发表了题为 *Association between sarcopenia and cardiovascular disease among middle-aged and older adults:Findings from the China health and retirement longitudinal study* 的学术文章,研究团队基于中国健康与养老追踪调查的全国代表性数据开展分析,从患病率看,发现总人群、无肌少症、可能患有肌少症和确诊肌少症4类人群中,心血管疾病的患病率分别为12.6%、10.0%、18.1%、18.0%。从患病风险看,与正常人相比,可能患有肌少症和确诊肌少症发生心血管疾病的风险分别增加 21% 和 39%。

3. 评估与干预

根据共识,常用的评估方法包括筛查病例、肌肉质量评估、肌肉力量评估和躯体功能评估。主要干预方法包括运动干预、营养支持、药物治疗等。其中,运动干预指无明显运动禁忌证的老年肌少症患者均应进行有规律的运动训练,类型推荐抗阻运动、有氧运动、平衡训练。营养支持指合理的营养补充。营养不良是常见的老年综合征,可与肌少症同时发生。营养不良及其导致的肌蛋白合成降低是引起肌少症发生和进展的重要原因和强预测因素,也是其干预的重要措施之一。其他治疗方法包括药物治疗和太极拳、八段锦、五禽戏以及中医中药等。

4. 数据概要

根据共识,近年来,中国人群肌少症的流行病学调查结果显示,60 岁及以上的老年人肌少症患病率为 5.7%~23.9%,不同地区、不同性别老年人患病率存在明显差异,东部地区患病率显著高于西部地区,且随增龄患病率显著增加,社区人群患病率低于医院、养老院,农村显著高于城镇。

024. 脑卒中

概念

脑卒中,俗称"中风",是一种急性脑血管疾病,是脑血管阻塞或破裂引起的脑血流循环障碍和脑组织功能或结构损害的疾病。通常可分为两大类,即缺血性脑卒中和出血性脑卒中,包括脑出血、脑血栓形成、脑栓塞、脑血管痉挛等。

延伸阅读

1. 国际日

10 月 29 日,是"世界卒中日"。

2. 危险因素

根据国内外经验,脑卒中可防可控。对脑卒中的危险因素进行积极有效的干预,可以明显降低脑卒中发病率,减轻脑卒中疾病负担。根据国家卫生健康委员会发布的《中国脑卒中防治指导规范(2021年版)》,脑卒中的危险因素分为可干预与不可干预两种。不可干预因素主要包括年龄、性别、种族、遗传因素等;可干预因素包括高血压、糖代谢异常、血脂异常、心脏病、无症状性颈动脉粥样硬化和生活方式等。

3. 防治举措

"十二五"期间,国家卫生和计划生育委员会成立脑卒中防治工程委员会,为全国脑卒中防治工作提供业务指导和技术支持,目前已建立起包括脑卒中防治基地医院、疾控机构、基层医疗卫生机构在内的脑卒中防治管服务体系,提高基层脑卒中防治能力和水平。中央财政设立专项资金,支持地方开展脑卒中高危人群筛查和干预项目。利用"世界卒中日"等契机,加大脑卒中防治知识的宣传普及。

2021年,《加强脑卒中防治工作减少百万新发残疾工程综合方案》(国卫医函〔2021〕113号)印发,明确"到2025年,所有地市和30万人口以上的县,至少有1家二级综合医院或中医医院常规开展静脉溶栓技术和取栓技术。到2030年,所有设立卒中中心的二级以上综合医院、中医医院及相关的专科医院常规开展静脉溶栓及取栓技术。"

2023年,《健康中国行动——心脑血管疾病防治行动实施方案(2023—2030年)》(国卫医急发〔2023〕31号)印发,文中多处提及卒中,明确要求"探索将冠心病、脑卒中患者的二级预防和康复治疗纳入家庭医生签约服务范围。鼓励具备条件的社区卫生服务机构设立卒中门诊,加强脑卒中高危人群的健康管理,开展脑卒中预防及脑卒中患者的康复管理","普及全民应急救护知识,使公众掌握必备的心肺复苏、脑卒中识别等应急救护知识与技能",并提出"到2030年,所有二级以上医院卒中中心均开展静脉溶栓技术。有条件的地方通过建立胸痛和脑卒中'急救地图',切实提高救治效率"的具体目标。

4. 数据概要

2021 年,《柳叶刀》子刊 *The Lancet Neurology* 和 *The Lancet Public Health* 分别刊登了全球疾病负担研究关于全球卒中和中国地区卒中的最新报告,对 1990 年到 2019 年的全球各个国家和地区进行了卒中负担及其危险因素的调查与分析。

从国际数据看,2019 年,全球有 1 220 万卒中发病病例,1.01 亿卒中患病病例,655 万卒中死亡病例。全球范围内,卒中仍然是第二大死因,占总死亡人数的 11.6%,并且是造成死亡与残疾的第三大主要原因。1990—2019 年期间,卒中病例数增加 70%,患病率增加 85%,死亡人数增加 43%。

从国内数据看,2019 年,卒中是我国疾病致死的第一大病因。我国新发卒中 394 万例,卒中患者达到 2 876 万例,患病率为 2 022.0/10 万,1990—2019 年期间,年龄标化患病率增长 13.2%,其中 60 岁以下人群患病率有所下降,60 岁以上人群的患病率呈现增长;卒中死亡人数为 219 万例,粗死亡率为 153.9/10 万,1990—2019 年期间增长 32.3%。

2023 年,*The Lancet Neurology* 联合世界卒中组织发布"减少全球脑卒中负担的实用性解决方案"重大报告。报告指出,考虑到大多数国家的人口增长和老龄化情况,如果不采取紧急措施,全球每年死于脑卒中的人数将增加 50% 左右,从 2020 年的 660 万人增加至 2050 年的 970 万人,所致经济损失可高达 2.3 万亿美元。

025. 老年糖尿病

概念

糖尿病是遗传因素和环境因素长期共同作用所导致的慢性、全身性及代谢性疾病。根据《中国老年糖尿病诊疗指南(2024 版)》定义,老年糖尿病是指年龄≥65 岁,包括 65 岁以前诊断和 65 岁以后诊断的糖尿病患者。老年糖尿病患者以 2 型糖尿病为主,也包含 1 型糖尿病和其他类型糖尿病。

延伸阅读

1. 国际日

11 月 14 日,是"世界防治糖尿病日"。

2. 疾病危害

糖尿病可以导致视网膜、肾脏、神经系统和心脑血管系统的损伤,是导致患者失明、肾衰竭、心脑血管事件和截肢的主要病因,疾病负担沉重。糖尿病与缺血性心脏病、卒中、慢性肝病、肿瘤、女性慢性泌尿生殖系统疾病等死亡风险相关。老年人是多种慢性疾病的易发人群,老年糖尿病患者的死亡率明显高于未患糖尿病的老年人。

3. 危险因素

2021 年,上海交通大学医学院附属瑞金医院内分泌代谢科主任王卫庆团队等在《柳叶刀》子刊 *The Lancet Healthy Longevity* 发表研究论文,详细介绍了中国糖尿病患者可干预的风险因素在不同年龄组存在的差异。

研究将糖尿病常见的可变危险因素划分为代谢性风险、生活方式风险和社会经济风险三大类。其中,代谢性风险影响最大,糖尿病前期史(血糖水平高于正常水平,但不足以诊断为糖尿病)、高血压是新发糖尿病的主要危险因素,其他因素还有全身型或中心型肥胖、胰岛素抵抗、血脂异常等。生活方式风险因素导致的糖尿病风险随着年龄增长而显著增加,在 75 岁及以上人群中,生活方式危险因素如不健康睡眠、不健康饮食、饮酒、吸烟等对糖尿病的影响显著高于其他年龄段。社会经济危险因素中,受教育程度较低的人群更易患上糖尿病。

4. 数据概要

2021 年,国际糖尿病联盟发布了最新的《全球糖尿病地图》(第 10 版)。根据最新数据,2021 年全球约 5.37 亿成年人(20~79 岁)患有糖尿病,占比 10.5%,即每 10 人中就有 1 人为糖尿病患者;预计到 2030 年,该数字将上升到 6.43 亿;到 2045 年将上升到 7.83 亿。在此期间,世界人口估计增长 20%,而糖尿病患者人数估计增加 46%。

根据研究,从患病情况看,糖尿病患病率随着年龄增长而上升。20~24 岁人群的患病率最低(2021 年为 2.2%);75~79 岁人群中,2021 年的糖尿病患病率估计为 24.0%,预计 2045 年将上升到 24.7%。随着全球人口老龄化,老年糖尿病患者比例将越来越高。从死亡情况看,排除与新型冠状病毒感染相关的死亡事件,估计 2021 年约有 670 万成年人死于糖尿病或其并发症,占全球全因死亡人数的十分之一(12.2%)以上,每 5 秒钟就有 1 人因糖尿病死亡。其中,大约三分之二的糖尿病死亡患者年龄超过 60 岁。从卫生支出看,2021 年糖尿病造成的全球卫生支出估计为 9 660 亿美元,相比过去 15 年增长了约 316%。

我国糖尿病患者人数 1.4 亿,占全球患者总数的 26.2%,居世界首位。其中以 2 型糖尿病为主,患者基数庞大。预计未来 20 余年,虽然我国糖尿病患病率增幅会趋于下降,但患者总数将增加到 2030 年的 1.64 亿和 2045 年的 1.75 亿。2021 年,我国在糖尿病卫生保健的支出为 1 653 亿美元。随着糖尿病患者数量持续增加等,我国糖尿病相关支出总额将继续扩大,预计在 2030 年和 2045 年分别达到 1 850 亿美元和 1 931 亿美元。

026. 老年高血压

概念

根据《中国老年高血压管理指南 2023》定义,老年高血压是指年龄≥65 岁,在未使用降压药物的情况下非同日 3 次测量血压,收缩压≥140mmHg 和 / 或舒张压≥90mmHg,即可诊断为老年高血压。曾明确诊断高血压且正在接受降压药物治疗的老年人,虽然血压 <140/90mmHg 也应诊断为老年高血压。

延伸阅读

1. 国际日

世界高血压联盟于 2005 年 5 月 14 日发起了第一次"世界高血压日"主

题活动,并定于 2006 年起每年 5 月 17 日作为"世界高血压日"。

中国在 1989 年 5 月 12 日也正式成为世界高血压联盟的盟员国,也成立了中国高血压联盟。中国从 1998 年开始,将每年的 10 月 8 日定为中国的全国高血压日,显示了中国政府的有关部门及中国的医务界对预防、治疗高血压的重视。

2. 危害与防治

高血压是最常见的慢性病之一,随着年龄增加,高血压导致心、脑、肾等靶器官损害的风险也显著增加。我国半数以上老年人患有高血压,是罹患脑卒中、心肌梗死乃至造成心血管死亡的首要危险因素。根据《中国老年高血压管理指南 2023》,多数老年高血压患者需要接受降压药物治疗以保证血压达标,同时在生活方式上予以干预,具体方式主要包括:健康膳食、戒烟限酒、保持理想体重指数、合理运动、改善睡眠、注意保暖与心理平衡。

3. 国际数据

由于高血压患病率随着年龄的增长而增加,在人口年龄结构发生改变,老龄化不断加深,老年群体在总人口中所占比例越来越大的背景下,30~79 岁成人高血压患者的总数不断增加。

根据世界卫生组织 2023 年发布的《全球高血压报告》显示,全球高血压患者人数从 1990 年的 6.5 亿增至 2019 年的 13 亿,翻了一倍。2019 年,估计全球 30~79 岁人群中高血压年龄标化患病率为 33%。分年龄段看,全球范围内,30~49 岁年龄段的高血压年龄标化患病率为女性 19%,男性 24%;50~79 岁人群中,男性和女性的年龄标化患病率均为 49%,显著高于全球平均水平。从死亡风险看,高收缩压(即≥110~115mmHg)是全球导致死亡的首要风险因素。2019 年,超过一半的心血管死亡病例可归因于高收缩压,62% 的高收缩压所致死亡发生在 70 岁及以上的老年人群中。

4. 国内数据

《中国卫生健康统计年鉴 2022》指出,2018 年我国 60 岁及以上居民高血压患病率为 59.2%,显著高于整体水平(27.5%)。其中,男性患病率 57.5%,略低于女性患病率(61%);城市患病率 59.2%,与农村患病率基本持平(59.3%)。

027. 老年性耳聋

概念

老年性耳聋（presbycusis）又称为年龄相关性听力损失（age-related hearing loss，ARHL），是与年龄相关的听力损失累积的病理生理变化。其特征是进行性、不可逆的双侧对称性感音神经性听力损失。

延伸阅读

1. 国际日

3月3日，是"国际爱耳日"。

2. 危险因素、危害与预防

从病因学角度，老年性耳聋致病因素繁多，外在因素主要包括噪声暴露、耳毒性药物或化学物质、不良生活习惯（吸烟、饮酒）及慢性病等。内在因素主要包括衰老、氧化损伤、遗传因素等。

老年性耳聋对老年人的身心有不利影响，如引起交流障碍、感觉剥夺可能导致认知改变、社交孤立、抑郁等不良影响。

日常生活中，建议注意听力保护，远离噪声、戒烟限酒、慎用耳毒性药物、坚持锻炼、常做耳保健操。

3. **数据概要**

据世界卫生组织报道，老年性耳聋是全球老年人口中第二大常见疾病，也是全球第三大流行疾病。

国际数据看，据2019年全球疾病负担（global burden of disease，GBD）研究预测，60岁以上老年人中，有超过65%的人存在某种程度的听力损失，接近25%的人有中度或以上程度的听力损失。

世界卫生组织发现，在全球范围内，中度及以上听力损失的人群发病率随着年龄的增长呈指数级增长。数据显示，世界卫生组织各区60~69岁人群的患病率为 10.9%~17.6%,70~79 岁人群的患病率为 23.4%~32.6%,80~89 岁人群为 41.9%~51.2%,90 岁以上人群为 52.9%~64.9%(图 3)。

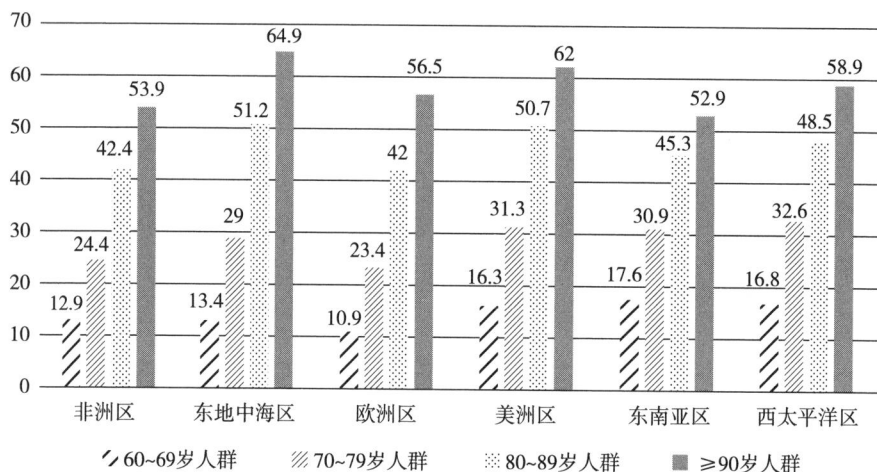

图 3　不同年龄段老年人群中度及以上听力损失患病率(每 10 年)

国内数据看,《中国听力健康报告 2021》蓝皮书指出,第二次全国残疾人抽样调查数据显示,总体上,老年性耳聋占据了我国听力残疾致残原因的首位(51.61%)。我国老年听障患者约占老龄人口的三分之一,60 岁以上的老年人患听力障碍的比例为 11.4%。

028. 帕金森病

概念

根据《中国帕金森病治疗指南(第四版)》定义,帕金森病(Parkinson's disease)是一种常见的中老年神经系统退行性疾病,震颤、肌强直、动作迟缓、姿势平衡障碍的运动症状和睡眠障碍、嗅觉障碍、自主神经功能障碍、认知和精神障碍等非运动症状的临床表现为显著特征。

延伸阅读

1. 国际日

4月11日,是"世界帕金森病日"。

2. 危险因素

临床研究发现,年龄、性别、遗传是帕金森病的重要风险因素。数据显示,年龄方面,帕金森病的患病率从45~54岁男性和女性的不到1%上升到85岁以上男性的4%和女性的2%。性别方面,男性帕金森病的患病率约为女性的1.4倍。除此之外,大多数帕金森病更容易受到环境和生活方式的影响。学术研究显示,环境中,有毒化学物品暴露(如农药、杀虫剂等)、环境污染、金属环境暴露(如铁、铅等)会导致帕金森病的患病风险增加。生活方式中,经常喝咖啡、茶,食用蔬菜、水果、谷物等健康食物,保持适量运动等,均可降低患病风险。

3. **危害与防治**

帕金森病临床表现为动作迟缓、静止性震颤、肢体僵硬、睡眠障碍、认知功能损害等;疾病中晚期会出现翻身困难、步态异常、平衡障碍、精神疾患、痴呆等问题,严重影响生活质量。

帕金森病的预防大致可分为3级,即初级、次级和三级。初级预防适用于总人群,主要是通过改善可能造成帕金森病的一些影响因素,如健康饮食、增强锻炼、禁用杀虫剂等。次级预防主要针对帕金森病高危人群,或已出现病前症状(如嗅觉障碍、睡眠障碍和便秘)的人,目的是在确诊前尽可能地减缓疾病进展。三级预防主要是针对已经确诊的帕金森病患者,主要通过药物治疗、手术治疗等综合方式来改善症状,降低患者并发症和死亡风险。

4. **数据概要**

帕金森病是全世界第二常见的神经退行性疾病。从国际数据看,2023年8月,世界卫生组织发布实况报道指出,在过去25年中,帕金森病的患病率增加了1倍。根据2019年的全球估计数据,超850万人患有帕金森病,造成了32.9万例死亡,相较于2000年增幅超过了100%。国内数据看,我国帕金森病的平均发病年龄为60岁左右,65岁以上人群患病率为1.7%,与欧美国家相似,6 年内死亡率高达 66%,多数病人的生存期为 5~20 年。由于我国人口基数庞大,未来帕金森病患病人数将从 2005 年的 199 万人上升到 2030 年的 500 万人,几乎占据全球帕金森病患病人数的一半,将带来巨大的社会和医疗负担。根据中国精算师协会发布的《国民防范重大疾病健康教育读本》数据,帕金森病每年需要花费 7.5 万元的治疗费用,包括药物、住院等直接治疗和器材、保健品、特殊陪护等非医疗费用。随着疾病加重,家庭经济负担也明显增加。在中国,严重帕金森病患者每年的费用几乎是轻度患者的两倍。

029. 老年性白内障

概念

老年性白内障即年龄相关性白内障,是指随着年龄增长,晶状体发生老化退行性病变而引起的晶状体混浊。由于其主要发生于老年人,是最常见的白内障类型,也是全球老年人致盲和视力损害的主要眼病。

延伸阅读

1. 国际日

每年 10 月的第二个星期四,是世界视力日,或称世界视觉日。

2. 危险因素

白内障发生与多种因素有关,除增龄外,紫外线照射、营养不良、糖尿病、高血压、心血管疾病、眼部外伤、过量饮酒、吸烟、缩瞳剂及糖皮质激素等药物的长期使用、性别、青光眼和遗传等因素都可能增加白内障发生的风险。

3. 数据概要

白内障是全球盲症的主要病因。国际数据看,根据世界卫生组织 2020 年发布的《世界视觉报告》数据,在全球范围内,至少有 22 亿人患有视力损伤。在这些病例中,包含 6 520 万白内障患者。疾病负担方面,世界卫生组织估计,全球在治疗未矫正的屈光不正和白内障费用方面存在 248 亿美元左右的缺口,其中,白内障手术缺口约88亿美元。国内数据看,该报告对中国人口视觉情况也开展了有关调查。调查估计,我国85~89岁人群白内障发病率约为73%,比45~49岁年龄段发病率高出约11倍。随着我国人口老龄化加速,白内障患病人数正呈逐年增长趋势。

4. 我国的应对举措及成效

党中央、国务院一直以来高度重视眼健康工作。自20世纪80年代以来,防盲治盲和眼健康有关规划、政策,强化顶层设计的方案连续出台,体系、机制不断完善,人民群众眼健康水平不断提升。"十三五"末,我国百万人口白内障手术率超过3 000,较"十二五"末翻一番。

2022年1月,国家卫生健康委员会印发《"十四五"全国眼健康规划(2021—2025年)》(国卫医发〔2022〕1号),将"提升白内障复明水平"作为"十四五"时期重点目标之一,主要"推动落实乡村振兴战略,扎实推进'千县工程',深化三级医院对口帮扶县医院,持续开展光明工程、光明行等活动,推动白内障复明手术技术下沉,提升县医院白内障复明手术能力"。明确提出"十四五"时期发展目标:"'十四五'末,达到县级医院综合服务能力推荐标准的县医院中,90%以上开展白内障复明手术,全国百万人口白内障手术率达到3 500以上('十三五'末百万人口白内障手术率未达到3 000的省份力争每年增长5%)。指导医疗机构规范开展白内障复明手术,推动小切口白内障囊外摘除术或超声乳化白内障摘除术临床应用,强化手术质量管理,建立健全术后随访制度,提高有效白内障手术覆盖率。"

030. 精神障碍

概念

精神障碍又称精神疾病,是指在各种生物学、心理学以及社会环境因素影响下,大脑功能失调,导致认知、情感、意志和行为等精神活动出现不同程度障碍等临床表现的疾病。

延伸阅读

1. 国际日

10 月 10 日,是"世界精神卫生日"。

2. 危险因素

老年人的心理健康受到身体和社会环境的双重影响:退休后收入下降、目标感丧失、落差感显现;因身体机能下降而造成部分功能减弱甚至丧失,进而带来的沮丧、挫败感;经历丧亲之痛的可能性随着年龄增长而增大;遭受年龄歧视、被社会边缘化、需求被忽视甚至不被允许等,都是晚年心理健康问题的关键危险因素。同时,据世界卫生组织统计,约六分之一的老年人遭受虐待,施虐人群往往是他们自己的照顾者。这给老年人的身体健康造成了严重后果,并可能导致抑郁和焦虑。

3. 数据概要

根据全球疾病负担数据库显示,截至 2023 年 10 月,全世界大约 14% 的 60 岁及以上老年人出现精神障碍问题。根据 2019 年全球卫生状况估计,这些疾病占老年人总残疾(残疾调整生命年)的 10.6%。老年人最常见的心理健康问题是抑郁和焦虑。在全球范围内,超过四分之一(27.2%)的自杀死亡发生在 60 岁或以上人群中。然而,老年人的心理健康问题往往具有很强的隐秘性,患者通常对于精神障碍的认识不足,未能意识到自己可能已经患病,也有很大一部分老年人由于羞耻感、不愿让儿女担心等原因,不愿向外求助,因此也并未能得到社会更多的关注。根据国家卫生健康委员会披露的数据,截至 2021 年年底,全国登记在册的重性精神障碍患者有 660 万,按照 14% 的比例推算,我国约有 92 万 60 岁以上老年人被精神障碍困扰。

中医养生适宜技术

031. 针法

概念

针法是用不同的针具刺激人体的经络腧穴、阿是穴或压痛点,通过实施提、插、捻、转、迎、随、补、泻等手法,以达到激发经气、调整人体功能的目的。

延伸阅读

1. 常见种类

毫针、耳针、揿针、皮肤针、梅花针、三棱针、火针、埋线针、银质针、针刀等。

2. 主要作用及原理

针刺是传统中医疗法中一种重要的治疗方法,其作用原理主要基于中医学的一些基础理论,包括经络学说、气血理论、阴阳学说等。

经络学说:中医认为人体内部有多条经络相互联系,穴位就是经络上的特定部位。通过针刺这些穴位可以改变人体内部的气血运行和代谢,调节各个系统之间的协调和平衡。

气血理论:中医认为,人体内部有气和血两种物质,气能生血,血能载气。针刺可以调整气血的流通,促进气血畅通,达到治疗疾病和保健养生的目的。

阴阳学说:中医认为,万物均可分为阴阳两个方面,人体也不例外。针刺可以通过调节阴阳平衡来达到治疗疾病和保健养生的目的。

神经学说:针刺可以刺激穴位周围的神经末梢,产生强烈的机械和化学刺激,从而通过神经系统对身体进行调节和平衡。

综上所述,针刺的中医作用原理是通过针刺穴位来调节人体内部的气血、阴阳、经络等多个方面,从而达到治疗疾病、缓解症状、促进康复、保健养生等目的。

3. 针刺在老年养生保健与疾病调理等方面的应用

针刺保健主要强调疾病未发之时,针灸对于疾病的调理主要通过穴位间的协同作用,配以不同补泻手法,而达到治疗的目的:如同刺天枢穴能调节老年功能性便秘和腹泻;针刺心俞、足三里等穴调节心动过速或心跳过缓;刺百会穴,配合不同的配穴及手法,可治疗高血压、眩晕、失眠等病;结合针刺补虚泻实、通经活络,对颈腰痛、脑卒中后遗症治疗效果较佳。总之,针灸因为其经济简便、起效较快及副作用少等特征,被广大医患青睐。

032. 艾灸

概念

艾灸是采用艾草进行热熏或热敷,刺激人体特定穴位,影响人体的气血运行,调节身体内部的阴阳平衡,促进疾病的康复和健康的保持。

延伸阅读

1. 艾灸的主要方法

直接灸:把艾条点燃后直接照射于穴位上,让温热的气流刺激穴位,起到调节身体气血运行、缓解疼痛、预防疾病等作用。根据不同穴位和不同病情,可以采取单个穴位、多个穴位或局部区域灸法,如"三焦灸""腰骶灸"等。

雀啄灸:指将艾条燃着的一端在施灸部位上做快速上下移动的一种灸法,这个过程类似于雀嘴啄击,在瞬间给穴位带来热痛的刺激。

火针灸:是指在穴位中针刺入后,再使用火热加热针头,通过热刺激穴位,从而达到治疗疾病的目的。火针灸与传统针灸相比,能够加强刺激效果,更有效地缓解疼痛和改善症状。

烤盐灸:是一种特殊的艾灸方法,主要使用干燥的盐进行烤制,并覆盖在穴位周围,再用艾条或其他材料进行热敷。利用盐的温热刺激特性,可以促进艾灸的效果,从而起到调节身体平衡、治疗疾病等作用。

附骨灸:是一种针对骨科疾病的特殊艾灸方法,常见的包括膝关节、肘关节等部位。该方法主要通过局部温热刺激,促进局部血液循环和正常组织修复,以达到治疗和预防骨科疾病的作用。

2. 艾灸在老年人群中的应用

艾灸的疗效包括疏通经络、行气活血、扶正祛邪等,随着对于艾灸的认识逐步积累和加深,其应用范围也日益广泛,如艾灸对前列腺增生、老年性便秘,老年心源性、肾源性水肿,心肌缺血、心绞痛、慢性胃炎、腰痛等病症均能起到一定的预防及治疗作用。

033. 推拿

概念

推拿是本人或者他人运用推拿手法或通过借助其他推拿工具作用于人体体表的特定部位或穴位,对人的生理与病理产生影响,从而起到养生保健、预防治疗疾病的一种方法,属于中医外治疗法范畴。

延伸阅读

1. 推拿手法

手法,是指按特定技巧和规范化动作在受治者体表操作,用于治疗疾病和保健强身的一种临床技能。以手法治病古称按摩,经过历史沿革又叫推拿,施术时一般用手,也可因需要而用腕、臂、肘、膝、足等部位进行操作,甚至借助一定的工具,延伸手或肢体其他部位为动力进行操作,因以手操作较多,故名手法。手法根据其适用部位、作用目的有不同分类,常见手法包括摩擦类手法、摆动类手法、挤压类手法、叩击类手法、振动类手法以及运动类手法。所有手法均须符合持久、有力、均匀、柔和、深透的基本技术要求,才能使推拿的力量刺激由外透达于内,甚至于脏腑之中、从而达到养身、保健、治疗、康复等较好的临床效果。

2. 推拿介质

推拿时,为了减少对皮肤的摩擦损害,或者为了借助某些药物的辅助作用,可在推拿部位的皮肤上涂些液体、膏剂或撒些粉末,这种液体、膏剂或粉末通称为推拿介质,也称推拿递质。目前,推拿临床中运用的介质种类颇多,既有单方,也有复方,主要有滑石粉、爽身粉、葱姜汁、白酒、冬青膏、薄荷水、木香水、凉水、红花油、传导油、麻油、外用药酒等。

3. 功效作用

(1) 疏经通络,行气活血

《黄帝内经》曰 "形数惊恐,经络不通,病生于不仁、治之以按摩醪药",即推拿手法作用于经络腧穴能疏经通络、使气血周流顺畅、代谢更新、维持机体的阴阳平衡,按摩后局部能使肌肉放松、关节滑利灵活,气行血活,人之精神自然振奋,疲劳自消。

经络外络肢节,通达表里,贯穿上下,通布全身,将人体各部分联系成一个有机整体,是人体气血运行的通路,而现实生活中老年人在年龄增长过程中,形体以及循环、呼吸、消化、泌尿、内分泌、神经各系统均开始不同程度地退化,免疫功能逐渐下降,继而产生不同的病症。推拿头面部、颈肩部经络,通过疏风、清利头目、活血祛瘀,而达到预防治疗老年人的眩晕、目昏、耳鸣、失眠、老年斑等问题;推拿腰背部、四肢部位,可缓解局部的肌肉关节紧张疼痛,改善老年人的运动功能障碍。

(2) 平衡阴阳,双向调节

推拿调节人体阴阳平衡,主要是通过运用不同的手法对人体经络进行调节而实现的。一方面,人体经络有独特的双向调节作用,经络通则脏腑自调,推拿手法可通经活络。另一方面,推拿可通过补泻调和等手法刺激脏腑相关穴位而达到平衡阴阳的目的,如推拿刺激胸腹部、腰背部的穴位、影响相关脏腑神经,调节同一脏腑的阴阳不和所致同一病症的两个方面,如老年人的心动过速、心跳过缓,排尿困难、夜尿频数或顽固性便秘、肠易激等,避免了药物副作用等问题。

(3)理筋整复,滑利关节

筋骨、关节是人体的运动器官。气血调和、阴阳平衡,才能确保机体筋骨强健、关节滑利,从而维持正常的生活起居和活动功能。筋骨关节受损,必累及气血,致脉络损伤,气滞血瘀,为肿为痛,从而影响肢体关节的活动。正常人群和亚健康人群也会存在一定的筋骨关节受损的情况,如小关节紊乱,轻度的肌肉、筋膜撕裂等。老年体衰、气血津液不足无以润泽滑利关节,更易发生筋骨肌肉扭伤情况,而此时若适当运用按、揉、推、擦、拨、摇、拔伸等手法,可对部分轻度损伤的肌肉、肌腱、韧带等组织起到消肿止痛、理筋整复的作用,所以老年人的颈腰椎病变、肩周炎、足跟痛等疾病均可通过推拿进行辅助治疗。

(4)扶正祛邪,预防保健

疾病的发生、发展及其转归的全过程,是正气和邪气相互斗争、盛衰消长的结果。"正气存内,邪不可干",只要机体有充分的抗病能力,致病因素就不起作用,疾病之所以发生和发展,是因为机体的抗病能力处于相对劣势,邪气乘虚而入;年迈之人,正气相对不足、气血虚衰、脏腑功能相对低下,而此时外邪多会乘虚而入。

推拿通过手法刺激相应经络腧穴,对脏腑气血起到总体调节作用:一是可以健运脾胃,使气血生化有源,从而保证脏腑功能时刻处于正常有序的工作状态,同时也为机体损伤的修复提供充足的物质来源;二是增强心肺功能、促进血液循环,改善呼吸及心脏泵血功能;三是运用补法或泻法来疏泄肝胆、滋补肾精,调节脏腑气血分布和运行,实现扶正祛邪的目的。故胸腹部的推拿具有宽胸理气、健脾和胃、调和肝脾、疏肝利胆、调和冲任等作用,对老年人心肌缺血、慢性胃炎、高血糖、高脂血症、急性或慢性支气管炎、泌尿功能障碍均有良好的调理作用。

034. 拔罐

概念

拔罐是中医学的一种传统外治疗法,使用特制的玻璃罐和火源,在患处产生负压,从而调整体内气血流通,促进新陈代谢,达到预防和治疗疾病的目的。

延伸阅读

1. 拔罐的理论基础

推拿理论:在《黄帝内经》中提到"推而行之",也就是通过推、按、揉、挤等手法刺激人体的经络系统,调节气血运行,达到治疗疾病的效果。拔罐作为一种外治方法,同样可以通过在穴位上产生负压刺激经络系统,达到推拿的效果。

经络学说:中医认为人体内部有一套完整的经络系统,贯穿全身,相互连接,形成了一个庞大的网络。经络与脏腑组织器官密切相关,调节机体的各项功能。拔罐可以利用负压刺激皮肤,从而影响经络的畅通和功能,达到治疗和预防疾病的目的。

气血理论:中医认为,气和血是构成人体生命活动的基本物质。气主动,血主静,两者相互依存、相互影响。拔罐可以调节人体内部的气血平衡,促进气血运行,达到治疗疾病的效果。

2. 拔罐的主要方法

火罐法:将玻璃罐放在穴位上,用火源加热罐口,造成局部负压,吸附皮肤。同时,由于酸性反应,导致毛细血管扩张,使得局部血液循环加速,并对于风湿、筋骨病等慢性病具有特别的疗效。

水罐法:将玻璃罐放入热水中加热,然后快速取出并逆转放置在皮肤上,形成局部负压。水罐法比火罐法温和,适合儿童、老年人以及皮肤敏感者。

干罐法:不使用任何火源或水源,直接将空气抽出罐内,在穴位上形成局部负压,可以缓解肌肉僵硬、关节疼痛等问题。

移动式拔罐:将拔罐器或吸气球固定在穴位上,通过手动控制来调节负压的大小和位置,可以根据不同疾病进行局部按摩和拔罐。

3. 拔罐在老年人群中的应用

可以应用于多种疾病的治疗和预防保健方面,其中包括:

神经系统疾病:拔罐改善局部血液循环,缓解神经系统疾病所导致的神经性疼痛和不适。如头痛、颈肩背痛、腰腿痛等。

运动系统疾病:拔罐可以通过刺激穴位,调节气血运行,促进肌肉、骨骼和关节的恢复和修复,缓解和改善骨质疏松、骨性关节炎、腰肌劳损等疾病。

胃肠道疾病:拔罐可调节气血运行,促进内脏器官代谢和恢复功能,缓解消化不良、胃痛、腹泻等胃肠道疾病。

呼吸系统疾病:拔罐可通过改善气血循环,促进呼吸系统功能的调节,缓解支气管炎、哮喘等呼吸系统疾病所导致的呼吸困难和咳嗽等症状。

预防保健方面:拔罐可通过调节经络,促进新陈代谢,并提高免疫力,增强人体抵抗力,以达到预防和保健的目的。

035. 导引

概念

导引,亦作"道引","导"指导气令和,"引"指引体令柔,以肢体运动配合呼吸运动,是中国传统的一类健身疗病之术,也是中华民族医学、现代保健学的重要组成部分。

延伸阅读

1. **基本思想与要求**

导引术萌芽于史前时期,《黄帝内经》中"法于阴阳,和于术数""不治已病治未病"等原则,即是中华导引术的核心思想和理论根基,该书明确将导引术纳入医疗手段之列。当代国医大师陆广莘先生提出导引术"循生生之道，助生生之气，用生生之具，谋生生之效"的养生学智慧，倡导人们应该遵循生命的规律，发挥生命自身的能量和潜力，借助挖掘人体正气的方法，获得天人合一、形神合一的和调状态，也即强调导引术的整体观。在功法练习中需做到"身、心、息"共调，才能通过肢体动作的变化，来引导气的运行，做到意随形走，意气相随，从而起到强体养生、防病祛疾的作用。导引术受到历代医家、巫家、道家、养生家的推崇，随着我国老龄化程度不断加剧，"三高"人群及各种慢性病人群日益增多，导引术愈发广泛地被人们习用。

2. 常见技术与应用

（1）八段锦

套路歌诀为："两手托天理三焦，左右弯弓似射雕；调理脾胃须单举，五劳七伤往后瞧；摇头摆尾去心火，两手攀足固肾腰；攒拳怒目增气力，背后七颠百病消。"理三焦使肺、脾、肾三焦气机均得到梳理，行气活血，对人是一种整体通调；左右弯弓使左右两侧的肩胛提肌、斜方肌及肘部肌肉都得到很好的疏通与锻炼，对颈肩周病有预防和治疗的作用；单举调理脾胃适用于老年人慢性肝胆脾胃方面的疾患；五劳七伤是针对老年人功能下降、不易恢复的慢性劳损性病症；摇头摆尾对高血压、眩晕症、老年性耳鸣均有着不错的治疗效果；两手攀足对人背后筋膜是一种很好的拉伸，调节相对应脏腑腧穴；攒拳怒目、背后七颠一方面对目翳、耳聋耳鸣、足跟痛进行神经调节，另一方面加强代谢及整体血液循环。因此，八段锦可激发多系统的免疫功能，对许多疾病都有预防、治疗及康复作用。

（2）六字诀

是呼吸吐纳"嘘、呵、呼、呬、吹、嘻"六种不同的特殊发音，配合意念和肢体的导引，以调节五脏六腑气机，起到养生保健的作用，可提高老年人的生存质量，尤其对心理健康方面的提高有很好的效果，同时对慢性肺病、高血压、冠心病、糖尿病病人的血糖血脂代谢、睡眠质量均有很大改善作用。

（3）易筋经与五禽戏

"易筋经"就是通过形体的牵引伸展，以使筋骨、筋膜得以拉伸，从而达到强身健体、调节经络脏腑的目的。有学者研究表明,易筋经功法能改善练功者的肌肉力量,平衡柔韧性、呼吸及循环系统,提高机体免疫力,起到健身防病、延年益寿的作用。五禽戏是指通过模仿五种禽兽的动作而编创成的导引功法。南北朝时期的陶弘景在《养性延命录》中也对"五禽戏"有所记载。这些典籍都记录了五禽戏的由来和功效,说明其历史源远流长,并在实际运用中得到了有效的验证。

（4）太极拳

太极拳是结合了易学的阴阳五行之变化、中医经络学、古代的导引术和吐纳术,形成的一种内外兼修、柔和、缓慢、轻灵、刚柔相济的中国传统拳术。因其练习时带动全身大小肌群共同参与运动,且招式透达全身,所以通过练习太极拳,可以有效地提高身体的耐力、协调性和灵敏性,同时锻炼肌肉和关节,降低患慢性疾病的风险,延缓衰老。此外,太极拳还可以减轻压力、改善情绪、改善老年人的认知、降低老年人跌倒的风险、改善纤维肌痛和慢性阻塞性肺疾病等。

导引养生术在不同时代发挥着其独特的治病、健身和养生功能作用,广泛受到医家、养生者的重视,导引术更多的是对体质的整体调节,机体免疫力提高了,则正气存内、邪不可干,不仅对高血压、高脂血症、高血糖、冠心病、老年颈肩腰腿痛有预防功效,同时对老年哮喘、慢性阻塞性肺疾病、肺气肿、肺源性心脏病、慢性胃炎、中风后遗症、老年骨质疏松症均有一定的治疗效果,从而达到预防保健、强身健体、延年益寿的目的。

036. 刮痧

概念

刮痧是用边缘光滑的嫩竹板、牛角板、铜板、小汤匙、硬币等工具,以清水、精油、刮痧油或食用油为介质进行反复刮动摩擦,皮肤表面以肌肉走行、经络腧穴为指导,体表部位进行反复刮动摩擦,用以调节或治疗有关的疾病一种外治方法。

延伸阅读

1. 刮痧的理论基础及主要方法

刮痧的中医理论基础是经络学说和全息理论,经络学说认为刮痧刺激人体体表的经络腧穴,而经络腧穴能内通脏腑,与肌肉筋骨、四肢百骸为一整体,故刮痧疏通浅表皮肤肌肉的同时,也能对内部脏腑的气血功能起到一定的调节作用;全息理论是借助耳部、面部、足部等部位的全息图,刺激对应部位,对人体进行整体调节。

现代医学认为"出痧"的过程是一种由血管扩张渐至末端毛细血管破裂,静脉末梢外溢,于皮肤表面形成瘀点、瘀斑,而瘀点瘀斑是人体病理产物的排泄、血液循环的体现,同时也作为新的刺激源对人体的生理免疫功能进行刺激,从而激发整体免疫功能。

按刮拭方法主要分为刮痧法、撮痧法、挑痧法和放痧法,刮痧具有操作简便、易学易懂、经济安全、起效迅捷、易于普及的特点。

2. 刮痧在老年养生的应用

《灵枢·九针论》认为刮痧可以疏通经络,促进气血流通,达到治疗疾病的效果。明代医学家李时珍的《本草纲目》中也提到了刮痧的作用。清代医学家吴鞠通的《温病条辨》中也有关于刮痧的记载。随着刮痧板材质和刮痧媒介的不断改进,刮痧被广泛地运用于颈腰腿病、带状疱疹后遗神经痛、高血压、阿尔茨海默病、慢性阻塞性肺疾病等。

037. 贴敷

概念

贴敷是一种传统的中医治疗方式,主要指通过将药物敷贴于人体表面,利用局部温热或药物直接渗透皮肤进行治疗。

延伸阅读

1. 贴敷的主要方法

热敷：用热水浸湿毛巾，轻轻挤干后敷在患处，再用热水袋或者热毛巾覆盖，保持 20~30 分钟。

冷敷：用冷水浸湿毛巾，轻轻挤干后敷在患处，尽量保持毛巾的冷度，每次 15~20 分钟，每天可进行多次。

药物外敷：将中药煎汤或冲服药物后，滤去渣沫，用棉布、纱布等材料浸泡后敷贴在患处，每次 10~15 分钟，每天可进行多次。

药膏外敷：将中药研成细末与其他成分混合，制成药膏后涂抹在患处，每天 2~3 次，每次 20~30 分钟。

贴敷按摩：将药物敷贴在患处，然后按摩患处，每次大约 10~30 分钟，每天可进行多次。

2. 贴敷在老年人群中的应用

随着年龄的增长，老年人的身体功能会逐渐下降，容易出现各种慢性疾病和疼痛，而贴敷可以通过局部温热或药物直接渗透皮肤来缓解疼痛和不适症状。

贴敷舒缓关节疼痛：老年人常见的疾病之一是骨关节疾病，如骨质疏松、骨性关节炎等，这些疾病会导致关节疼痛和不适。针对这些疾病，可使用药物贴敷或热敷冷敷的方法进行治疗，以缓解疼痛和不适。

贴敷治疗呼吸系统疾病：老年人常见的呼吸系统疾病有慢性支气管炎、哮喘等，这些疾病会导致呼吸困难和咳嗽等症状。针对这些疾病，可使用药物贴敷或热敷的方法进行治疗，以缓解呼吸困难和咳嗽等症状。

贴敷改善睡眠质量：老年人睡眠障碍常表现为入睡困难和易醒等问题。针对这些问题，可以使用药物贴敷或热敷的方法进行治疗，以改善睡眠质量。

贴敷缓解胃肠道问题：老年人因为运动量减少、代谢率降低等原因易出现胃肠道问题，如胃痛、消化不良等。针对这些问题，可以使用药物贴敷或热敷的方法进行治疗，以缓解胃肠道问题。

需要注意的是，贴敷时应选择适合自己体质的方法，并根据不同疾病、不同药物选取不同的贴敷方法和时间。同时,在进行贴敷前应做好清洁工作,保证皮肤表面清洁,以免影响治疗效果。如果出现过敏或不适反应,应立即停止贴敷。

038. 熏洗

概念

熏洗是中医学的一种外治方法。根据中医辨证的结果,选取适合的中药材,通过煎煮、熏蒸或浸泡等方法制成药液,再将药液用气体或水蒸气熏蒸,或以药液淋洗、浸泡全身或局部进行治疗。

延伸阅读

1. 熏洗的理论基础

中医理论认为,熏洗疗法具有温经散寒、行气活血、祛风除湿、清热解毒等作用。这些作用有利于调节人体阴阳平衡,促进气血运行,提高机体免疫力,从而达到治疗和预防疾病的目的。

2. 熏洗的主要方法

根据不同的治疗需要和病情,熏洗疗法可以采用不同的方法。

气熏法:将中药放入特殊的器皿中,加热后让患者吸入中药挥发出的气体。

蒸汽熏洗法:当草药煮沸后,会产生大量的蒸汽。此时,患者可以将患处暴露在蒸汽中,或者用毛巾将蒸汽包裹起来,然后敷在患处,进行全身或局部的治疗。

温水浸泡法:将中药煎汤或浸泡液倒入特殊的浴缸、浴盆中,让患者全身或局部浸泡治疗。

3. 熏洗在老年人群中的应用

熏洗疗法是一种传统的中医外治方法,近年来广泛应用于各类疾病的治疗。对于老年人来说,由于身体功能下降、免疫系统功能减弱,往往容易患上各种慢性病或退行性疾病。熏洗疗法对老年人群的主要功效如下:

缓解关节炎和骨质疏松症:老年人常见的病症之一是关节炎和骨质疏松症。熏洗疗法可以通过温经散寒、行气活血等作用,缓解关节疼痛,改善骨密度,从而达到缓解这些病症的效果。

护理皮肤:随着年龄的增长,老年人的皮肤逐渐变得干燥、松弛,易于出现皱纹、黑斑等问题。熏洗疗法可以通过温热药物刺激皮肤,促进血液循环,提高皮肤活性,从而起到护理皮肤、延缓皮肤老化的作用。

缓解心血管疾病:老年人往往患有心血管疾病,如高血压、冠心病等。熏洗疗法可以通过提高血液流速、扩张血管等作用,缓解这些疾病的症状,改善心脏健康状况。

改善睡眠质量:老年人常常存在失眠、多梦等问题,影响睡眠质量。熏洗疗法可以通过温暖的气体或水蒸气刺激神经系统,促进身体放松,达到改善睡眠质量的作用。

总之,熏洗疗法在老年人群中具有广泛应用价值,但在应用时需要根据患者具体情况进行调整和适当限制。

039. 砭石

概念

砭石为我国古代的一种石质医疗工具,砭石疗法也称砭术或砭疗,即用石头刺激疼痛病变局部或经络腧穴而防病治病的一种传统中医疗法。

延伸阅读

1. 理论基础

砭石疗法基于人的脏腑经络是相互联络的有机整体,通过多经络腧穴的刺激、而达到清热解毒、活血行气、消肿止痛、疏筋滑利的作用,从而使人的气血阴阳处于相对平衡状态;从微观方面,各类手法配以砭石能使大脑中枢直接受到调整性刺激,起到解除脑血管痉挛、扩张脑血管、反射性增加脑的血流量、降低血液黏稠度、促进局部血管侧支循环的建立、促进细胞代偿和病灶的修复等作用。

2. 操作方法

砭石疗法根据砭石形态、特质及配以手法的不同可分为以刮、推、抹为特征的摩擦类手法,以揉、缠、擦、划为主的摆动类手法,以点、按、振为主的挤压类手法,以拍、扣、剁为主的叩击类手法和以温、清、感为主的熨敷类手法。

3. 砭石疗法于老年疾病中的应用

砭疗对肩周炎、髌骨软化症、腱鞘炎、慢性运动性软组织损伤、类风湿关节炎等老年慢性疼痛的镇痛效果较佳,对中风肢体功能恢复、慢性阻塞性肺疾病、顽固性失眠、便秘、高血压等也具有良好的调理作用。

因砭石疗法具有简便易行、无创伤、安全性高、稳定性强的特点,被广大老年患者推崇和喜爱。

040. 食养

概念

饮食养生,又称饮食调养,就是结合中医理论知识与养生理论,合理地调摄饮食,以达到增进健康、益寿延年目的的养生方法。

延伸阅读

1. 目的和意义

人体气血津液皆赖于水谷精微化生,而水谷精微则是食物经肝胆脾胃、五脏六腑相互协同作用而生成,饮食的适宜与否直接关乎脏腑气血阴阳的盛衰,故饮食是人体维持正常生命活动生长、发育、代谢和健康的物质基础。而老年人在其一生的生命活动中多会因为饮食的不节、不洁或偏嗜而造成不同脏腑功能相对失调、阴阳相对不平衡的亚健康状态或病态。此时,若从饮食五味着手,结合中医学的五行生克原理,使饮食与个人的脏腑状态相宜,能增进机体健康,辅助治疗,抗衰延寿。

2. 主要作用

(1)滋养强身防病、调和阴阳气血

食物对人体的滋养作用是人生存的重要保证。老年人吸收、运化、代谢均趋于日益衰退状态,合理地安排饮食,保证其机体合适的营养供给,方能使老人气血运转正常,阴阳相对平衡,五脏六腑功能协调。如老年人食用动物肝脏,可养肝明目、预防夜盲症,而过食动物内脏等又可诱发结石病、老年皮肤干燥症、高血压、高脂血症、冠心病等症。所以老年人更应遵循《黄帝内经》五味调和理论进行食养。在日常生活的饮食中注意辛、甘、酸、苦、咸五味的平衡摄取,尤其要控制甘、咸食物的摄入量,饮食以清淡、新鲜为主。如此,则能预防一些老年性多发性疾病的发生。

(2)避免邪气侵袭、抗老益寿防衰

《养老奉亲书》认为年老之人阳气日渐耗竭、五脏功能日益衰退,全依靠后天饮食来资助气血、抵御外邪、延年益寿。如咳喘病多涉及肺、脾、肾三脏、在平时未发之时应经常食用山药、桑椹、百合、薏苡仁、山萸肉等食物。人之养生,首重脾、肾二脏,老人更是以脾胃为根本,所以食养须顾护老年人胃气,脾胃功能正常,方可运化谷肉果菜,化生气血津液、抗老益寿防衰。

(3)治疗与辅助治疗

关于药食同源,我国有着大量理论与经验,如日常生活中人们常吃芫荽、生姜治疗风寒感冒,吃地瓜、芹菜改善老年顽固性便秘,吃薏苡仁红豆粥达到利水消肿、清热解毒的效果。对于食养的治疗,需结合老人自身的气血阴阳虚损及脏腑虚损来选择合适的食物搭配。

3. 老人食养原则

(1)合理搭配,顺应规律

老年人的日常膳食需结合自身健康疾病状况、合理变通,注意饮食五味调和、食物药物相互作用、脏腑功能强弱等特性。所谓五味调和即根据五味对五脏的中医理论而选择调和补益五脏的食物、切忌偏嗜某味,如酸入肝,肝主筋,多食酸则筋骨痿弱不用,易患类风湿关节炎、骨病等;食物与药物相互作用主要体现患有慢性虚弱疾患的老年病人在食用补益类食物时添加类似的补益药物相互增强疗效,如慢性肾病患者可食用黄芪鲤鱼汤增强利水消肿之功,同时也需注意食物与药物相互作用,如莱菔子、绿豆汤能降低人参等药的补益作用;老年人更需结合其脏腑功能盛衰、配合四时规律,方能实现保命全形。

(2)饮食有节、有洁,趋利避害

老年人脏腑功能减弱,气血津液化生不足,在保证营养充分的同时、亦需考虑老年人代谢减弱、切忌摄入过量,特别是患有糖尿病、冠心病、高血压等慢性疾患的老年人尤其要重视饮食量的控制;其次,过期或不洁净食物均会诱发老年人慢性胃肠炎、胃肠痉挛等疾患。

(3)顾护脾胃,适度适量

老年人脾胃虚弱,饮食需要寒温软硬适度,进食宜适时适量。如肺有寒的哮喘患者,多食生冷,会加重本脏疾病的同时影响他脏功能。此外,暴饮暴食也会损伤胃肠健康,并出现嗳腐吞酸、脘腹胀满疼痛等表现。食养贵在循序渐进,宁少勿多。有糖尿病、高血压等慢性病既往史和现病史的老年人应有所禁忌,谨遵医嘱合理膳食,防止疾病的进展。

老年行业从业人员

041. 养老护理员

概念

根据《养老护理员国家职业技能标准（2019年版）》定义，养老护理员是指从事老年人生活照料、护理服务的人员。

他们是养老服务的主要提供者，是养老服务体系的重要支撑保障，是解决家庭难题、缓解社会问题、促进社会和谐的重要力量。

延伸阅读

1. 职业编码

4-10-01-05

2. 技能等级

养老护理员职业技能等级证书设五个等级，分别为：五级／初级工、四级／中级工、三级／高级工、二级／技师、一级／高级技师。

3. 五级／初级工申报条件

具备以下条件之一者即可申报：①累计从事本职业或相关职业工作1年（含）以上；②本职业或相关职业学徒期满。本职业包括失智老人照护员工种，相关职业包括护士、家政服务员、健康管理师等。

4. 主要工作任务

照料老年人的饮食、清洁、睡眠和排泄等日常生活;采取安全保护措施,预防意外伤害;进行用药、观察、消毒、冷热应用等护理,做好相关记录;协助开展急救,进行常见病、危重病和临终护理;进行健康教育和康复护理。

5. 人员配比要求

2022 年 1 月 1 日开始实施的《养老机构岗位设置及人员配备规范》(MZ/T 187—2021)中要求,"养老机构应按照实际入住老年人数量配备提供直接护理服务的专职养老护理员",配备比例不得低于表 4 中下限值要求。养老护理员应经培训合格后上岗。

表 4 《养老机构岗位设置及人员配备规范》中人员配比要求标准

自理老年人	部分自理老年人	完全不能自理老年人
1∶15~1∶20	1∶8~1∶12	1∶3~1∶5

6. 数据概要

2009 年 8 月,民政部正式启动首批养老护理员资格认证试点工作。截至 2019 年年底,民政部培训认证养老护理员培训师资 713 名、养老护理员考评员 819 名,共有 44 805 人获得民政部职业技能鉴定指导中心颁发的养老护理员国家职业资格证书。

042. 老年社会工作者

概念

根据《老年社会工作服务指南》(MZ/T 064—2016)定义,老年社会工作者是指"从事老年社会工作服务且具有资质的社会工作人员"。

延伸阅读

1. 行业标准

《老年社会工作服务指南》(MZ/T 064—2016)

2. 老年社会工作服务

以老年人及其家庭为对象,旨在维持和改善老年人的社会功能、提高老年人生活和生命质量的社会工作服务。老年社会工作服务的内容主要包括救助服务、照顾安排、适老化环境改造、家庭辅导、精神慰藉、危机干预、社会支持网络建设、社区参与、老年教育、咨询服务、权益保障、政策倡导、老年临终关怀等。

3. 服务宗旨

老年社会工作服务应致力于实现老有所养、老有所医、老有所为、老有所学、老有所乐;老年社会工作服务应遵循独立、参与、照顾、自我实现、尊严的原则,促进老年人角色转换和社会适应,增强其社会支持网络,提升其晚年的生活和生命质量。

4. 人员要求

老年社会工作者应具备以下资质之一:获得国家颁发的社会工作者职业水平证书,具备国家承认的社会工作专业专科及以上学历。

5. 人员配比要求

城镇养老机构每 200 名老年人应配备一名老年社会工作者,农村养老机构可参考上述标准配备;城市社区中每 1 000 名老年人应配备一名以上的老年社会工作者,不满 1 000 人的可多个社区配备一名老年社会工作者,农村社区可参考上述标准配备。

6. 现状

开展养老服务人才培训提升行动,确保到 2022 年底前培养 10 万名专兼职老年社会工作者,切实提升养老服务持续发展能力。至 2020 年底全国持证社会工作者仅 66.9 万人,且其岗位主要集中于社工机构和社区中负责为居家或在机构中的失能、失独、独居、空巢以及特殊病患老人提供老年生活服务、老年社会救助等专业服务。多数一级、二级养老机构未设置专职社工岗位,一位老年社工平均负责老人数量为 50~100 人,劳动强度极大。

043. 健康照护师

概念

根据《健康照护师(长期照护师)(2024 年版)》定义,健康照护师指运用基本医学护理知识与技能,在家庭、医院、社区等场所,为照护对象提供健康照护及生活照料的人员。

延伸阅读

1. 职业代码

4-14-01-03

2. 技能等级

该职业共设五个等级,分别为:五级 / 初级工、四级 / 中级工、三级 / 高级工、二级 / 技师、一级 / 高级技师。

3. 五级 / 初级工申报条件

具备以下条件之一者即可申报:①累计从事本职业或相关职业工作 1 年(含)以上;②经本职业或相关职业五级 / 初级工培训达规定标准学时,并取得结业证书。相关职业为养老护理员、育婴员、医疗护理员、康复技师及家政服务员等。

4. 主要工作任务

(1)观察发现照护对象的常见健康问题及疾病(危急)症状,提出相应预防、康复及照护措施,或提出送医建议。

(2)观察发现照护对象的常见心理问题,提供简单心理疏导及支持性照护措施。

（3）照护老年人生活起居、清洁卫生睡眠、日常活动，提供合理饮食及适宜活动，提供预防意外伤害安全照护，为临终老人提供安宁疗护措施。

（4）照护孕产妇生活起居，提供个性化营养、运动健康生活照护，辅助母乳喂养及产后康复。

（5）照护婴幼儿生活起居与活动，提供喂养、排泄、洗浴、抚触、睡眠、生长发育促进及心理健康照护措施。

（6）照护病患或生活不能自理人员生活起居、清洁卫生、日常活动，提供饮食及适宜活动指导，按医嘱督促、协助照护对象按时服药、治疗。

（7）提供照护对象家庭生活环境、营养膳食及健康指导。

5. 就业现状

根据人力资源和社会保障部对于该职业的前景分析报告，目前健康照护工作者多分布在医疗服务业、康复服务业、养老服务业、家政服务业等行业中；从就业机构规模看，大、中、小、微型照护服务机构都需要健康照护工作者，借此为机构提升服务水平和市场竞争力，特别是大型的照护机构更愿意招募经过系统培训的健康照护师；从收入水平看，目前 89.04% 的健康照护从业人员的实际月薪酬待遇超过 5 000 元，特别是北京、上海、广州等大城市金牌月嫂等岗位的月收入过万。整体看，健康照护师市场需求巨大，发展前景广阔，据有关预测数据，未来 5 年我国健康照护人员市场需求量在 500 万人以上。

044. 老年人能力评估师

概念

根据《老年人能力评估师国家职业技能标准（2023 年版）》定义，老年人能力评估师指"为有需求的老年人提供自理能力、基础运动能力、精神状态、感知觉与社会参与能力测量与评估的人员"。

延伸阅读

1. 职业代码

4-14-02-05

2. 技能等级

该职业共设三个等级,分别为:三级 / 高级工、二级 / 技师、一级 / 高级技师。

3. 三级 / 高级工申报条件

具备以下条件之一者即可申报:①取得相关职业四级 / 中级工职业资格证书(技能等级证书)后,累计从事本职业或相关职业工作 5 年(含)以上;②取得相关职业四级 / 中级工职业资格证书,并具有高级技工学校、技师学院毕业证书(含尚未取得毕业证书的在校应届毕业生),或取得相关职业四级 / 中级工职业资格证书,并具有经评估论证、以高级技能为培养目标的高等职业学校本专业或相关专业毕业证书(含尚未取得毕业证书的在校应届毕业生);③具有大专及以上本专业或相关专业毕业证书,并取得本职业或相关职业四级 / 中级工职业资格证书后,累计从事本职业或相关职业工作 2 年(含)以上。

4. 主要工作任务

(1)采集、记录老年人的基本信息和健康状况。

(2)评估老年人自理能力;测量与评估老年人基础运动能力、精神状态、感知觉与社会参与能力。

(3)依据测量与评估结果,确定老年人能力等级。

(4)出具老年人能力综合评估报告;为老年人能力恢复确定照料护理等级等提出建议。

5. 数据概要

目前,共有超过 3 000 万人需要通过老年人能力评估确定领取补贴资格。另外,现在全国有超过 200 万人住在养老机构里,从进入养老机构开始就需要初始评估,通过评估结果提供不同等级的服务。

045. 公共营养师

概念

根据《公共营养师国家职业技能标准（2021年版）》定义，公共营养师指从事人群或个人膳食和营养状况的服务和评价指导，传播营养、平衡膳食与食品安全知识，促进社会公共健康工作开展的人员。

延伸阅读

1. 职业代码

4-14-02-01

2. 技能等级

该职业共设四个等级，分别为：四级／中级工、三级／高级工、二级／技师、一级／高级技师。

3. 四级／中级工申报条件

具备以下条件之一者即可申报：①取得相关职业五级／初级工职业资格证书（技能等级证书）后，累计从事本职业或相关职业工作1年（含）以上，经本职业四级／中级工正规培训达到规定学时数，并取得结业证书；②取得相关职业五级／初级工职业资格证书（技能等级证书）后，累计从事本职业或相关职业工作4年（含）以上；③累计从事本职业或相关职业工作3年（含）以上，经本职业四级／中级工正规培训达到规定学时数，并取得结业证书；④累计从事本职业或相关职业工作6年（含）以上；⑤取得技工学校本专业或相关专业毕业证书（含尚未取得毕业证书的在校应届毕业生），或取得经评估论证、以中级技能为培养目标的中等及以上职业学校本专业或相关专业毕业证书（含尚未取得毕业证书的在校应届毕业生）。

相关职业包括食品工程技术人员、卫生专业技术人员、临床和口腔医师、中医医师、中西医结合医师、公共卫生与健康医师、医疗卫生技术人员、护理人员、乡村医生、其他卫生专业技术人员、餐饮服务人员、医疗辅助服务人员、健康咨询服务人员、公共卫生辅助服务人员、其他健康服务人员、生活照料服务人员、保健服务人员。

4. 主要工作任务

（1）运用膳食调查、人体体格测量、身体活动量测定、实验室检测等方法，进行特定人群或个体营养状况评价，并提供指导。

（2）运用食物摄入量调查、膳食营养素摄入量计算、膳食营养分析和评价等方法进行人群或个人的膳食结构营养评价、管理和指导。

（3）测定营养素和食物需要量，编制和调整食谱，进行食物营养评价和食物选购指导。

（4）提供营养与食品安全知识咨询。

（5）收集营养与健康信息，建立和管理营养与健康档案，设计和实施营养和运动干预方案，进行社区健康教育和营养干预。

046. 康复辅助技术咨询师

概念

根据《康复辅助技术咨询师国家职业技能标准（2022年版）》定义，康复辅助技术咨询师指根据功能障碍者的身体功能与结构、活动参与及使用环境等因素，综合运用康复辅助技术产品，为功能障碍者提供辅助技术咨询、转介、评估、方案设计、应用指导等服务的人员。

延伸阅读

1. 职业代码

4-14-03-06

2. 技能等级

该职业共设五个等级,分别为:五级咨询师、四级咨询师、三级咨询师、二级咨询师、一级咨询师。

3. 五级／初级工申报条件

具备以下条件之一者即可申报:①累计从事本职业或相关职业工作1年(含)以上;②本职业或相关职业学徒期满。相关职业为康复技师、护士、医师、假肢装配工、矫形器装配工、听力师、助听器验配师、眼镜验光员、眼镜定配工、健康管理师、养老护理员、特殊教育教师等。

4. 主要工作任务

(1)进行功能障碍者康复辅助器具咨询与服务转介。

(2)评估功能障碍者的身体结构和功能、活动和参与、环境因素以及个人因素,提出康复辅助器具配置方案、个人和公共环境改造方案。

(3)指导实施康复辅助器具配置方案个人和公共环境改造方案。

(4)指导功能障碍者使用康复辅助器具,并进行效果评价。

(5)进行功能障碍者康复辅助器具保养和简单维修知识及简易康复指导服务,随访用户。

(6)开展社区居民的康复辅助器具技术服务科普和宣教。

5. 数据概要

在我国,有超过8 500万残疾人、4 400万失能和半失能老人,以及数量庞大的伤友、病友,他们能够借助康复辅助技术的帮助,改善身体功能,减少对常规卫生服务、支持性服务以及长期照护的需求,尽可能拥有健康、富有成就、独立的生活。当前我国的康复辅助技术正处在快速发展和不断完善的阶段,人才短缺的问题日渐凸显。据估计,我国至少需要20万康复辅助技术专业人员。

047. 社群健康助理员

概念

根据《社群健康助理员国家职业技能标准（2021 年版）》定义，社群健康助理员是指运用卫生健康及互联网知识技能，从事社群健康档案管理、宣教培训、就诊和保健咨询、代理、陪护及公共卫生事件事务处理的人员。

延伸阅读

1. 职业代码

4-14-01-04

2. 社群

指根据成员自身特定目的或求同需求，而聚集在一起的实体组织或虚拟群体。

3. 技能等级

该职业共设三个等级，分别为：四级 / 中级工、三级 / 高级工、二级 / 技师。

4. 四级 / 中级工申报条件

具备以下条件之一者即可申报：①取得相关职业五级 / 初级工职业资格证书（技能等级证书）后，累计从事本职业或相关职业工作 4 年（含）以上。②累计从事本职业或相关职业工作 6 年（含）以上。③取得技工学校本专业或相关专业毕业证书（含尚未取得毕业证书的在校应届毕业生），或取得经评估论证、以中级技能为培养目标的中等及以上职业学校本专业或相关专业毕业证书（含尚未取得毕业证书的在校应届毕业生）。相关职业为医疗临床辅助服务员、公共营养师、生殖健康咨询师和信息技术服务人员等。

5. 主要工作任务

（1）运用互联网共享卫生健康资源，提供健康咨询、培训、代理、监护及网约就诊、保健等服务；

（2）为社群成员建立健康档案，采集上报健康风险因素及公共卫生健康信息；

（3）为社群成员提供健康探访、体检就诊、转诊等代理或陪护服务；

（4）为患者提供预约挂号、缴费、取药、办理住院手续等协助服务；

（5）为有养生、体检、心理咨询等健康需求的社群成员推荐机构及技师，提供预约、出行陪护及接送等服务；

（6）开展社区卫生健康防护，协助开展爱国卫生运动，组织社区环境卫生整治、健康科普、群众动员工作，提供消毒、清洁送药、看护等防疫及生活保障服务，协助相关物资的登记、统计、购置、发放等工作；

（7）利用互联网技术参与公共卫生事件的健康预警、监视。

6. **数据概要**

从行业方向看，目前社群健康助理员从业人员主要分布在医疗、养老、康复等行业，占比超过了82%，其中61.38%的从业人员在医疗服务机构。另外，健康管理、公益慈善、教育培训、家政服务、孕婴服务等行业也有从业人员。从机构性质看，63.25%的从业人员在乡村卫生室、社区卫生服务中心（站）工作，23.39%的从业人员在医院、养老、保育等机构工作。另外，体检机构、学校、企业、养生、保健、美容机构等也有相关从业人员。从薪资水平看，57.45%的从业人员薪资为5 000~8 000元，21.53%的从业人员薪资为8 000~10 000元，10 000元以上的从业人员占比6.13%，5 000元以下的从业人员占14.89%，从业人员的薪资普遍高于当地平均薪资。

048. 老年康体指导

概念

根据《老年康体指导职业技能等级标准》定义，老年康体指导是指为满足老年人健康需求而开展的体育、文化和艺术等类别的健康服务技术和活动。

包括中国传统体育服务、运动健身服务、老年游戏服务、身心活化服务和音乐照护服务等工作领域的内容。

延伸阅读

1. 证书性质

教育部遴选认定的 1+X 证书。

2. 技能等级划分及对应要求

该职业技能等级分为三个等级：初级、中级、高级。主要根据社区、养老机构或老年居家服务机构对老年人体育、艺术和文化类健康服务的要求，分别对应开展自理老年人（初级）、半自理老人（中级）、不能自理老人（高级）中国传统体育、运动健身、老年游戏、音乐照护和身心活化等方面的技术指导与活动组织。

3. 证书面向职业岗位（群）

居家养老、社区养老机构，养老院等服务机构，医养结合机构，医疗机构老年病科，社区体育文化活动中心，老年大学等相关岗位，包括但不局限于：社会体育指导员、社区工作者（师）、养老护理员、失智老年人照护员、老年照护师（员）、护理协调员、老年护士、护理长、养老服务咨询员（顾问、专员、客服）等。

049. 长期照护师

概念

长期照护师是 2024 年 2 月新加入《中华人民共和国职业分类大典》（2022 年版）的新职业工种。

根据《健康照护师（长期照护师）国家职业标准（2024 年版）》定义，长期照护师是指运用基本生活照料及护理知识、技能，在家庭、社区、养老机构、医疗机构等场所，为享受长期护理保险待遇人员等人群提供基本生活照料及与之密切相关的医疗护理、功能维护、心理照护等服务的从业人员。

延伸阅读

1. 职业编码

4-14-01-03

2. 新职业设置背景

根据国家医疗保障局医药管理司介绍,长期照护师是国家医疗保障局为稳步推进长期护理保险制度建设,在人力资源和社会保障部支持下新设置的一个职业工种。我国长期护理保险制度于 2016 年启动试点,2020 年扩大试点城市范围。目前,全国 49 个试点城市参保覆盖约 1.8 亿人,累计超过 235 万人享受待遇,累计基金支出超 720 亿元,提供服务的定点护理机构约 8 000 家,护理人员接近 30 万人。但同时也要看到,我国 60 岁以上失能老人已超过 4 200 万人,而专业化、高素质的护理服务人员供给严重不足,已成为长期护理保险制度可持续发展的重要制约。为加快培养更多专业化、职业化、规范化的专职长期护理保险服务人员,从供给侧解决长期护理保险制度发展问题,提高长期护理服务质量,由我局发起申请,经行业专家评审,新修订的国家职业分类大典中专门设立了长期照护师这一新职业工种。

3. 技能等级

长期照护师工种共设三个等级,分别为:五级 / 初级工、四级 / 中级工、三级 / 高级工。

4. 五级 / 初级工申报条件

申报条件具备以下条件之一者,可申报五级 / 初级工:

(1)年满 16 周岁,拟从事本职业或相关职业工作。

(2)年满 16 周岁,从事本职业或相关职业工作。

相关职业为护理人员、社会工作者、养老护理员、家政服务员、医疗临床辅助服务员、医疗护理员、医疗卫生技术人员、乡村医生、临床和口腔医师、中医医师、中西医结合医师、民族医医师、公共卫生与健康医师、药学技术人员、呼吸治疗师、康复治疗师、其他卫生专业技术人员等。

5. 主要工作任务

根据专业评估机构对失能人员日常生活活动、认知、感知觉与沟通等方面的能力丧失程度的评估分级及相应的服务项目建议,提供专业化、技能化、规范化的护理服务。

养老服务体系

050. 居家养老照护服务（居家养老）

概念

根据国家统计局发布的《养老产业统计分类（2020）》（国家统计局令第30号）定义，居家养老照护服务是指家庭成员或雇用人员对居家老年人进行生活照料、康复护理等服务的活动，以及养老服务机构或其他社会主体（企业、社会组织等）向居家老年人提供的上门服务活动，如助餐、助行、助急、助浴、助洁、助医、日常照料等，不包括社区上门服务。

051. 家庭养老床位

概念

家庭养老床位是指把养老院的护理型床位"搬"到老人家中，缓解家庭养老的难处，即以养老机构为依托，以这些机构建在街道或社区的养老服务中心或站点为支点，对失能老人家庭进行适老化改造，并为老年人提供家庭专业照料、远程监测等居家养老服务，让老人在家就能享受到专业服务。

延伸阅读

1. 发展历程

家庭养老床位是在"十三五"期间民政部和财政部推行的全国的居家社区养老服务改革试点中,探索形成的养老服务新形式,在江苏、北京、浙江、广东、四川先行开展,取得了很好的效果。

2021年6月,民政部、国家发展和改革委员会联合编制发布《"十四五"民政事业发展规划》(民发〔2021〕51号),提出"健全建设、运营、管理政策,发展'家庭养老床位'",首次将"发展家庭养老床位"纳入国家五年规划。

2022年9月,民政部、财政部联合印发《关于做好2022年居家和社区基本养老服务提升行动项目组织实施工作的通知》(民办函〔2022〕60号),开展居家和社区基本养老服务提升行动项目。行动项目将"通过中央专项彩票公益金支持,面向经济困难的失能、部分失能老年人建设10万张家庭养老床位、提供20万人次居家养老上门服务"作为主要工作目标,并明确"项目资金按规定用于项目地区为60周岁及以上经济困难的失能、部分失能老年人建设家庭养老床位,提供居家养老上门服务。"

根据2024年全国民政工作会议通报数据,截至2023年12月底,我国通过开展居家和社区基本养老服务提升行动项目,已累计建成家庭养老床位23.5万张,为41.8万老年人提供居家养老上门服务。

2. 具体举措

在对老年人进行综合能力评估基础上,综合考虑其身体健康状况、居家环境条件等因素,对适宜设置家庭养老床位的老年人,以满足其安全便利生活条件、及时响应紧急异常情况为基本要求,对其居家环境关键区域或部位进行适老化、智能化改造,安装网络连接、紧急呼叫、活动监测等智能化设备,并视情配备助行、助餐、助穿、如厕、助浴、感知类老年用品。

3. 重大意义

首先,家庭养老床位解决了失能、半失能老人在家享受专业医养照护服务的迫切需求,将养老机构甚至医疗机构的失能失智床位从"有限"变成了"无限",已成为构建居家社区机构相协调、医养康养相结合的养老服务体系的重要组成部分。其次,家庭养老照护床位的建设,降低了床位的建设及服务成本。民政部数据表明,有关试点城市发现,当达到一定规模后,投入一个家庭养老床位的费用是投入一个机构养老床位的1/5。同时,受传统文化影响,中国人对家庭的安全感和归属感尤为看重。有数据显示,90%以上的老年人倾向于选择就地居家养老。从这个意义上看,家庭养老床位不仅比机构节省了费用,而且能在熟悉的环境中得到养老机构的专业服务,符合大多数老年人"养老不离家"的现实需求。

052. 居家适老化改造

概念

为了适应老年人居家生活的需要,结合老年人的生理、心理和行为特点,通过物理空间改造、辅助器具适配和智能安全监控配置等对老年人的居家环境进行改善。

延伸阅读

1. 必要性

早在2013年,中国建筑设计研究院、天津大学联合在北京、上海、广州等12座大中城市100个典型社区调查显示,66.2%的城市老人曾在家中发生意外伤害。其中,厨房和卫生间是最易发生伤害的地方,占比75.4%。

中国疾病监测系统的数据显示,跌倒已成为我国65岁以上老年人因伤致死的首位原因。根据测算,我国每年有4 000多万老年人至少发生1次跌倒,其中约一半发生在家中。

第四次中国城乡老年人生活状况抽样调查表明,58.7%的城乡老年人认为住房存在不适老问题,其中农村高达63.2%。超过半数的城市老年人认为,住房主要存在三大问题:没有呼叫和报警设施,没有扶手,光线昏暗。其他不适老问题还包括:厕所或浴室不好用、门槛绊脚或地面高低不平、地面易滑倒等。

基于此类适老化改造的迫切需求,2019 年 3 月,国务院办公厅印发《关于推进养老服务发展的意见》(国办发〔2019〕5 号),正式将"实施老年人居家适老化改造工程"作为重要工作任务之一,要求"2020 年底前,采取政府补贴等方式,对所有纳入特困供养、建档立卡范围的高龄、失能、残疾老年人家庭,按照《无障碍设计规范》实施适老化改造。有条件的地方可积极引导城乡老年人家庭进行适老化改造,根据老年人社会交往和日常生活需要,结合老旧小区改造等因地制宜实施。"

2. 建议改造的内容

2020 年 7 月,民政部等 9 部门联合出台《关于加快实施老年人居家适老化改造工程的指导意见》(民发〔2020〕86 号),以指导各地加快实施老年人居家适老化改造工程。该文件以"实施老年人居家适老化改造,应坚持需求导向,政府重点支持保障特殊困难老年人最迫切的居家适老化改造需求;同时,顺应广大老年人居家养老的意愿与趋势,以满足其居家生活照料、起居行走、康复护理等需求为核心,改善居家生活照护条件,增强居家生活设施设备安全性、便利性和舒适性,提升居家养老服务品质"为基本工作原则。

《关于加快实施老年人居家适老化改造工程的指导意见》列出了老年人居家适老化改造项目和老年用品配置推荐清单,所列项目分为基础类和可选类,涵盖了地面、门、卧室、如厕洗浴设备、厨房设备、物理环境以及老年用品配置 7 类 30 项改造内容,包括 7 项基础项目以及 23 项可选项目。并且强调,要"坚持因地制宜,从城乡、区域发展不平衡的实际出发,因地制宜加快推进,不搞一刀切,不搞层层加码,杜绝脱离实际的'形象工程'",切实改善老年人住房内外的生活环境。

基础类项目是政府对特殊困难老年人家庭予以补助支持的改造项目和老年用品,是改造和配置的基本内容,详见表 5。

可选类项目则是可以用老人自主付费购买的适老化改造项目和老年用品,包括地面平整硬化、门槛衣橱、平开门改为推拉门、安装闪光振动门铃、厨房台面改造高度、加设中部柜等 23 个具体项目。

表5 老年人居家适老化改造项目和老年用品配置推荐清单(基础类)

类别	项目名称	具体内容
地面改造	防滑处理	在卫生间、厨房、卧室等区域,铺设防滑砖或者防滑地胶,避免老年人滑倒,提高安全性
	高差处理	铺设水泥坡道或者加设橡胶等材质的可移动式坡道,保证路面平滑、无高差障碍,方便轮椅进出
卧室改造	安装床边护栏(抓杆)	辅助老年人起身、上下床,防止翻身滚下床,保证老年人睡眠和活动安全
如厕洗浴设备改造	安装扶手	在如厕区或者洗浴区安装扶手,辅助老年人起身、站立、转身和坐下,包括一字形扶手、U形扶手、L形扶手、135°扶手、T形扶手或者助力扶手等
	配置淋浴椅	辅助老年人洗澡用,避免老年人滑倒,提高安全性
老年用品配置	手杖	辅助老年人平稳站立和行走,包含三脚或四脚手杖、凳拐等
	防走失装置	用于监测失智老年人或其他精神障碍老年人定位,避免老年人走失,包括防走失手环、防走失胸卡等

3. 改造支持举措

《关于加快实施老年人居家适老化改造工程的指导意见》指出,"对特殊困难老年人最急需的居家适老化改造项目将通过财政补贴、社会捐赠等方式予以必要支持;将符合条件的服务事项列入政府购买养老服务指导性目录,确定购买服务内容和购买费用,实施全过程预算绩效管理。同时,鼓励和引导公益慈善组织、爱心企业等社会力量捐赠支持特殊困难老年人家庭居家适老化改造。有条件的地方可将养老机构享受的建设补贴、运营补贴等优惠政策延伸至家庭养老床位。"

《关于加快实施老年人居家适老化改造工程的指导意见》还提出,"支持装修装饰、家政服务、物业等相关领域企业主体拓展适老化改造业务,积极培育带动性强的龙头企业和大批富有创新活力的中小企业,推动市场规模不断扩大、服务质量持续提升。符合条件的从事居家适老化改造工作的养老服务机构可享受相应税收优惠政策。"

4. 改造目标及成果

《关于加快实施老年人居家适老化改造工程的指导意见》对于适老化改造提出了明确的目标任务,即 2020 年年底前,采取政府补贴等方式,对纳入分散供养特困人员和建档立卡贫困人口范围的高龄、失能、残疾老年人(以下统称特殊困难老年人)家庭实施居家适老化改造,为决战决胜脱贫攻坚提供兜底保障。"十四五"期间,继续实施特殊困难老年人家庭适老化改造,有条件的地方可将改造对象范围扩大到城乡低保对象中的高龄、失能、残疾老年人家庭等。各地要创新工作机制,加强产业扶持,激发市场活力,加快培育公平竞争、服务便捷、充满活力的居家适老化改造市场,引导有需要的老年人家庭开展居家适老化改造,有效满足城乡老年人家庭的居家养老需求"的目标任务。

根据 2024 年全国民政工作会议通报数据,截至 2023 年 12 月底,通过开展居家和社区基本养老服务提升行动项目,我国已累计完成困难老年人家庭适老化改造 148.28 万户。

053. 社区养老照护服务(社区养老)

概念

根据国家统计局发布的《养老产业统计分类(2020)》(国家统计局令第 30 号)定义,社区养老照护服务,指养老服务机构依托社区养老服务设施向社区老年人提供的日托、全托等服务;社区养老服务机构、社区嵌入式的养老服务设施和带护理型床位的社区日间照料中心等机构提供的照护服务;依托社区综合服务设施和社区公共服务综合信息平台、呼叫服务系统和应急救援服务机制为老年人提供的全托、月托、上门等为主的精准化专业化生活照料、助餐助行、助浴助洁、助医、紧急救援、精神慰藉等照护服务;社区邻里互助、助老食堂、助老餐桌、老年社区(全周期养老综合体)提供的社区养老照护服务。

054. 一刻钟居家养老服务圈

概念

对于很多老年人来说,"一刻钟"的路程往往可轻松抵达,行动成本大大降低,是老年人幸福感最为强烈的落脚点之一。2021 年 5 月,商务部等 12 部门联合印发《关于推进城市一刻钟便民生活圈建设的意见》(商流通函〔2021 年〕176 号),将"一刻钟便民生活圈"定义为"是以社区居民为服务对象,服务半径为步行 15 分钟左右的范围内,以满足居民日常生活基本消费和品质消费等为目标,以多业态集聚形成的社区商圈",意见中多次提及兼顾老年人的便民诉求。

延伸阅读

1. 必要性

在我国延续千年传统文化的影响下,当代中国老年人普遍具有较强的传统家庭观念,在熟悉的环境中与家人互助、享受亲情,并能与街坊邻居继续开展交往活动,可满足老年人心理所需的安全感和归属感,弥补了居住环境转变带来的不适应与强烈的孤独感,有利于老年人的身心保健,是我国绝大多数老年人的渴望和养老首选方式。因此,发展完善居家社区养老服务体系,提升老年人养老服务可及性、便利性成为关键。构建"一刻钟"居家养老服务圈,是打通养老服务"最后一公里",是让老年人享受到方便可及、价格实惠、质量可靠、选择多元养老服务的重要途径,是提升老年人生活幸福感、获得感的有效方法。

2. 顶层设计

2021 年 11 月,《中共中央 国务院关于加强新时代老龄工作的意见》印发,要求"新建城区、新建居住区按标准要求配套建设养老服务设施实现全覆盖。到 2025 年,老城区和已建成居住区结合城镇老旧小区改造、居住区建设补短板行动等补建一批养老服务设施,'一刻钟'居家养老服务圈逐步完善",为服务圈的构建提出了明确建设目标。

055. 互助式养老

概念

互助式养老是建立在互助文化基础上的家庭、家族、邻里、社区成员之间在生活照料、精神慰藉等方面的互助活动。互助养老的施助者主要是低龄、健康老人,受助者主要是高龄、体弱老人和独居、空巢老人。

互助式养老通俗理解就是抱团养老,例如一群老朋友一起租个大院子,建成养老互助院,或者邻里之间互相帮忙养老,民政部门则通过一些政策给予协助和扶持。

延伸阅读

1. 发展历程

发展互助养老是我国养老模式创新和比较选择的结果。我国独居和空巢老年人众多,纯粹依靠家庭养老显然不现实。多数地区政府为经济困难的高龄、失能老人购买居家养老服务,但有服务小时数限制,多数老人享受不到无偿或低偿服务,购买有偿服务的意愿和能力又比较有限。多数老年人不符合入住公办养老机构条件,面临收费低的民办养老院质量差、不想住,而质量高的收费高、住不起的尴尬。互助养老能够有效弥补家庭养老的不足和社会养老的不能,具有就地养老、整合资源、地缘相近和成本较低等优点,符合大多数老年人的养老意愿和我国的互助文化传统,因而易于接受。

中华人民共和国第十三届全国人民代表大会第一次会议上,国务院总理李克强作政府工作报告,其中明确指出,要"积极应对人口老龄化,发展居家、社区和互助式养老,推进医养结合,提高养老院服务质量"。分析认为,"互助式养老"首次正式写入政府工作报告,得到国家层面的认可与关注。

2. 发展现状

按照互助养老主导者分类,可将各地互助养老实践分为四种类型。一是政府主导型,如邯郸肥乡的"互助幸福院"模式;二是自治组织主导型,如昆明的"巧手暖暖团"模式;三是社会组织主导型,如上海的"老年生活护理互助会"模式;四是家庭主导型,如武汉的"合租互助"模式。

截至 2021 年年底,全国建有各类农村互助养老服务设施 13.25 万个,互助型社区养老服务设施 14.77 万个。

3. 时间银行

时间银行,是以时间银行模式发展为养老公益志愿服务,属于互助式养老的新模式。所谓的"时间银行",即"年轻存时间,年老享服务",把志愿者服务存入"时间银行",等自己高龄时,可将存入的积分进行兑换实物或服务。

根据《中国时间银行发展研究报告》,时间银行已经在全球三十多个国家和地区相继建立,共有 1 000 多个名为"时间银行"的不同组织或机构,它们广泛应用于互助养老、医疗服务、社会救助、社区融合等场景。

在我国,民政部于 2019 年 3 月将时间银行纳入全国居家社区养老服务改革试点范围。2019 年 4 月,国务院办公厅印发《国务院办公厅关于推进养老服务发展的意见》(国办发〔2019〕5 号)提出"大力培养养老志愿者队伍,加快建立志愿服务记录制度,积极探索'学生社区志愿服务计学分'、'时间银行'等做法"。目前,南京、上海、青岛、北京等地均在积极推进养老服务时间银行制度。

056. 社区嵌入式养老服务

概念

社区嵌入式养老服务,是指在城市社区(小区)公共空间嵌入养老相关的功能性设施和适配性服务,有利于推动优质普惠公共服务下基层、进社区,更好地满足人民群众对美好生活的向往。

延伸阅读

1. 概念起源

"社区嵌入式养老"起源于2013年上海闵行区颛桥镇的养老探索。为满足老人"在家门口养老"的愿望,颛桥镇政府利用社区中闲置的公共配套设施,建设了一个规划面积623㎡、仅有30张床位的"迷你"养老院,采用政府购买专业化运营服务的模式,为周边生活半自理、轻度失智失能老人提供全天候的护理照料服务,并通过日托、助餐等方式,辐射到社区其他有需要的老年人群体。这种机构运行方式正是日后"长者照护之家"的典型模式,"社区嵌入式养老"概念就此诞生。

社区嵌入式养老模式体量轻巧,解决了传统养老机构用地难的问题,且离家近而更易为老年人接受,为居家养老提供了社区服务支撑,受到各方肯定和欢迎。近年来,北京、重庆、浙江、江苏、安徽、河北、湖北等省市也借鉴上海经验,先后开始探索发展嵌入式养老。

2. 政策历程

2017年,"嵌入式养老"首次写入国家文件,在民政部、财政部《关于做好第一批中央财政支持开展居家和社区养老服务改革试点工作的通知》(民发〔2017〕54号)共确定7项基本试点任务,其中,"增加一批居家和社区养老服务设施"任务的具体要求中,明确了"重点增设嵌入式居家和社区养老服务设施和机构"这一内容。

2021年,《中华人民共和国国民经济和社会发展第十四个五年规划和2035年远景目标纲要》指出要"推动专业机构服务向社区延伸,整合利用存量资源发展社区嵌入式养老"。

2023年,国务院办公厅转发国家发展和改革委员会《城市社区嵌入式服务设施建设工程实施方案》(国办函〔2023〕121号),明确提出建设发展目标:"城市社区嵌入式服务设施建设工程实施范围覆盖各类城市,优先在城区常住人口超过100万人的大城市推进建设。综合考虑人口分布、工作基础、财力水平等因素,选择50个左右城市开展试点,每个试点城市选择100个左右社区作为社区嵌入式服务设施建设先行试点项目。到 2027 年,在总结试点形成的经验做法和有效建设模式基础上,向其他各类城市和更多社区稳妥有序推开,逐步实现居民就近就便享有优质普惠公共服务"。该方案中特别提出,要"优先保障设置婴幼儿托位、具有短期托养功能的护理型养老床位的必要空间"。

2024 年,国家发展和改革委员会等印发《城市社区嵌入式服务设施建设导则(试行)》(发改社会〔2024〕5 号),在"建设内容"部分专门设置"养老服务"模块,并提出"养老服务功能宜为失能或部分失能老年人提供短期托养等生活照护服务","养老服务功能宜设置具有短期托养功能的护理型养老床位,为老年人提供短期生活照护和康复服务"。

3. 主要形态

政府购买服务。政府采购,老人们免费享受的是基本养老保障福利。政府和社区全权负责运营,政府财政补贴作为主要的资金来源,社区负责整合土地、人力、医疗资源等养老资源,其他社会组织嵌入合作,如广州孝慈轩、上海的长者照护之家、北京养老驿站。

老人购买服务。老人付费接受的高端服务,其属于银发产业内营利性社会机构提供的。由养老企业出资,结合政府补贴,养老企业自主聘用养老服务员,自主运营,自负盈亏,社区参与协调与管理,其他社会组织灵活参与。

057. 社区老年人日间照料中心

概念

社区老年人日间照料中心是指为社区内自理老年人、半自理老年人提供膳食供应、个人照料、保健康复、精神文化、休闲娱乐、教育咨询等日间服务的养老服务设施。

延伸阅读

1. 政策指引

2019年9月，民政部《关于进一步扩大养老服务供给　促进养老服务消费的实施意见》中提出："大力发展城市社区养老服务。依托社区养老服务设施，在街道层面建设具备全托、日托、上门服务、对下指导等综合功能的社区养老服务机构，在社区层面建立嵌入式养老服务机构或日间照料中心，为老年人提供生活照料、助餐助行、紧急救援、精神慰藉等服务。"并明确发展目标："到2022年，力争所有街道至少建有一个具备综合功能的社区养老服务机构，有条件的乡镇也要积极建设具备综合功能的社区养老服务机构，社区日间照料机构覆盖率达到90%以上。"

2. 具体服务内容

根据国家标准《社区老年人日间照料中心服务基本要求》(GB/T 33168—2016)要求，日间照料中心推荐提供以下几类服务：

（1）基本服务

就餐服务：为有需求的老年人提供在日间照料中心就餐的服务，并为其合理安排就餐位。

精神文化、休闲娱乐服务：宜包括阅览、绘画、书法、上网、棋牌、健身、游戏、手工制作等内容。

午间休息服务：为有需求的老年人提供在日间照料中心午间休息的服务，并为其合理安排休息位。

协助如厕服务：为有需求的老年人提供协助如厕服务，根据老年人生活能力自理程度采取轮椅推行或搀扶的服务方式。

（2）适宜服务

个人照护服务：宜包括助浴、理发、衣物洗涤，提示或协助老年人按时服用自带药品，测量血压、血糖及体温等内容。

教育咨询服务：宜包括老年营养、保健养生、常见疾病预防、康复，法律、安全教育等内容。宜采取老年人易于接受的形式，如知识讲座、面对面解答、表演、观看影视资料等。

心理慰藉服务：宜包括沟通、情绪疏导、心理咨询、危机干预等内容。宜由心理咨询师、社会工作者等专业人员提供。

保健康复服务：宜包括按摩、肌力训练、中医传统保健等内容，宜由专业人员提供。

3. 托老所

2007 年，《城镇老年人设施规划规范》（GB 50437—2007）给出定义，"托老所"是指为短期接待老年人托管服务的社区养老服务场所，设有起居生活、文化娱乐、医疗保健等多项服务设施，可分日托和全托两种。2018 年，住房和城乡建设部对该国标进行局部修订，原有条文同时废止，其中"托老所"的概念正式被"老年人日间照料中心"替代，定义为"为老年人提供日间休息、生活照料服务及其他服务项目的设施。"

058. 社区养老服务驿站

概念

根据《关于开展社区养老服务驿站建设的意见》（京老龄委发〔2016〕8号）定义，社区养老服务驿站是充分利用社区资源，就近为有需求的居家老年人提供生活照料、陪伴护理、心理支持、社会交流等服务，由法人或具有法人资质的专业团队运营的为老服务机构。驿站是街道（乡镇）养老照料中心功能的延伸下沉，作为居家养老服务的基础，是政府为社区老年人提供基本养老服务的重要载体和主要途径，是社区老年人家门口的"服务管家"。

延伸阅读

1. 指导思想

按照"设施政府无偿提供、运营商低偿运营"思路，由政府无偿将公有设施提供给社会组织和企业，充分发挥政府、市场各自作用，积极构建市、区、街道（乡镇）、社区（村）四级养老服务体系，加快发展养老服务业，不断满足人民群众日益增长的多层次、多样化养老服务需求。

2. 功能定位

根据《社区养老服务驿站设施设计和服务标准（试行）》（京民福发〔2016〕392号），社区养老服务驿站需设置日间照料、呼叫服务、助餐服务、健康指导、文化娱乐、心理慰藉等六类基本服务项目。在此基础上，可根据自身条件拓展开展助洁、助浴、助医、助行、代办、康复护理、法律咨询等服务项目。其中，文化娱乐、心理慰藉，以及量血压、健康知识讲座等方面设定为公益服务项目，不收取服务对象费用。定价方面，《社区养老服务驿站设施设计和服务标准（试行）》规定"驿站服务项目收费价格应低于本区域市场平均价格，高于成本价格。"

3. 建设标准

社区养老服务驿站依据《北京市养老服务设施专项规划》《社区养老服务设施设计标准》有关标准进行建设，可采取"主体服务区+加盟服务点"建设模式。单体运营模式参照主体服务区的建筑面积建设。按照建筑规模、设备配置、人员配备、服务功能不同，社区养老服务驿站可分为A型驿站、B型驿站和C型驿站。

A型驿站。主体服务区建筑面积原则上在400m²以上，每个加盟服务点建筑面积原则上不少于60m²，总建筑面积控制在1 000m²以内；可设置床位15张以上，配备相应的管理人员、财务人员、医疗保健人员、养老护理员、工勤人员、社工、专职护士和应急支持人员；除具备基本服务功能外，应组织开展康复护理、心理咨询、法律咨询等延伸性服务，并根据老年人需求提供专业护理等个性化服务。

B型驿站。主体服务区建筑面积原则上在200~400m²，每个加盟服务点建筑面积原则上不少于60m²，总建筑面积500m²左右；可设置床位10~15张，设置康复区域、洗涤区域，配备一定比例的管理人员、社工、养老护理员、工勤人员和必要的应急支持人员；除具备基本服务功能外，根据实际需求开展康复护理、心理咨询、法律咨询等延伸性服务。

C型驿站。主体服务区建筑面积一般在100~200m²，每个加盟服务点建筑面积原则上不少于60m²，总建筑面积300m²左右；可设置床位10张以下；设有老年人生活区域、活动区域,配备一定的管理人员、社工、养老护理员和必要的应急支持人员;具备日间照料、呼叫服务、助餐服务、健康指导、文化娱乐、心理慰藉等六项基本服务功能。

4. 运营模式

社区养老服务驿站运营方式主要有连锁运营、单体运营、联盟运营和 PPP 运营(public-private partnership,即政府和社会资本合作模式)等四种方式,鼓励各区探索实施其他运营模式。

5. 运营扶持措施

根据《北京市社区养老服务驿站运营扶持办法》(京民养老发〔2021〕154号),运营扶持主要包括基础补贴、托养补贴、连锁运营补贴和运维支持。

(1)基础补贴

即为保障驿站满足基本养老服务对象的基本养老服务需求、维持驿站基础运转而给予的资助补贴。城区驿站按照实际签约服务的基本养老服务对象人数,每人每月给予 180 元补贴。农村驿站实际签约服务对象少于 80 人的,每家每月给予 1.4 万元补贴;超过 80 人的,按照实际签约基本养老服务对象数量,每人每月给予 180 元补贴。基础补贴人数原则上不超过 300 人。对于服务质量被评定为二星级的驿站,每家每月增加 2 000 元补贴;被评定为三星级及以上的驿站,每家每月增加 3 000 元补贴。

(2)托养补贴

即根据驿站开展托老服务给予的资助补贴。托老服务包含日间托养、短期全托和农村幸福晚年驿站的全托照料。日托服务每天照料时间不少于 6 小时。按照驿站实际收住老年人情况,日间托养每人每天给予 15 元的托养补贴,短期全托每人每天给予 30 元的托养补贴,农村幸福晚年驿站全托照料每人每月给予 1 000 元的托养补贴。

(3)连锁运营补贴

即对品牌供应商承接若干家驿站建设运营,并实施同一服务标准、品牌连锁运营给予的奖励补贴。按照驿站连锁机构的数量给予连锁补贴,每新增 1 家连锁运营驿站的,给予 5 万元的一次性补贴。驿站连锁运营补贴分三年发放到位,运营满 1 年、2 年、3 年的分别按照 1 万元、1 万元、3 万元予以发放。

(4) 运维支持

经民政部门按照相关规定认定为养老服务机构的驿站,用水、用电、用气、用热享受居民价格政策。

6. 数据概要

截至 2021 年 10 月,北京市已经建成运营驿站 1 087 家。

059. 机构养老照护服务(机构养老)

概念

根据国家统计局发布的《养老产业统计分类(2020)》(国家统计局令第 30 号)定义,机构养老照护服务,指各级政府、企业和社会力量兴办的养老院、老年福利院、老年公寓、老年养护院、敬老院、光荣院、农村幸福院、养老大院、农村特困人员供养服务机构等养老机构为在机构集中养老的老年人提供的养护和专业化护理服务;内设诊所、卫生所(室)、医务室、护理站的养老机构提供的医养结合服务;公办养老机构及公建民营养老机构为经济困难失能(含失智)老年人、计划生育特殊家庭老年人提供无偿或低收费托养服务;失智老年人照护机构提供的服务,不包括机构为居家老年人提供的上门服务。

060. 公建民营

概念

公建民营,是指在新建养老服务机构时,各级政府摒弃过去包办包管、高耗低效的管理体制和运行机制,按照管办分离的发展思路,由政府出资,招标社会组织或服务团体去经办和管理运作,政府负责管理和监督。

实质上,公建民营和公办民营是同一事物不同阶段的发展形态,公建民营主要是在发展养老机构增量领域进行机构管理体制的改革,转换政府部门的职责。公办民营则是要盘活存量,对已在运营的公办养老机构输入新鲜血液,激发其发展活力。

061. 公办民营

概念

公办民营是指各级政府和公有制单位已经办成的公有制性质的养老机构,需要按照市场经济发展的客观要求进行改制、改组和创新,更快地与行政部门脱钩,交由民间组织或社会力量去管理和运作,实现多种经济成分并存、多种管理和服务运营模式并存、充满生机和活力的发展局面。

062. 民办公助

概念

民办公助是指投资主体是民间力量,政府只是相应的资助,以此调动民间力量投入养老机构的建设。政府的扶持资助并不改变其多种经济成分的所有制性质,所以其运行机制与管理机制可以更多地与物质利益结合,与市场经济接轨,具有更大的实效性与灵活性。政府的资助一定程度上可以将政府的意图、老年人的需求及养老机构发展需要坚持的正确方向融入进去。政府更可以随时对机构进行一定的干预和影响,确保其公益性、福利性,使得民办养老机构能够更好地为老年人提供养老服务。

063. 养老机构

概念

养老机构指依法办理登记,为老年人提供全日集中住宿和照料护理服务,床位数在10张以上的机构。养老机构包括营利性养老机构和非营利性养老机构。根据国家住房和城乡建设部2018年发布的《老年人照料设施建筑设计标准》(JGJ450-2018)定义,全日照料设施主要包含养老院、老人院、福利院、敬老院、老年养护院等。

延伸阅读

1. 养老院(老人院、社会福利院的老人部、护老院、护养院)

是指专为接待老年人安度晚年而设置的社会养老服务机构,设有起居生活、文化娱乐、医疗保健等多项服务设施。

2. 老年社会福利院(福利院)

是指由国家出资举办、管理的综合接待"三无"老人、自理老人、介助老人、介护老人安度晚年而设置的社会养老服务机构,设有生活起居、文化娱乐、康复训练、医疗保健等多项服务设施。

3. 敬老院

是指在农村乡(镇)、村设置的供养"三无"(无法定扶养义务人,或者虽有法定扶养义务人,但是扶养义务人无扶养能力的;无劳动能力的;无生活来源的)"五保"(吃、穿、住、医、葬)老人和接待社会上的老年人安度晚年的社会养老服务机构,设有生活起居、文化娱乐、康复训练、医疗保健等多项服务设施。

4. 老年养护院

是指为失能老年人提供生活照料、健康护理、康复娱乐、社会工作等服务的专业照料机构。老年养护院建设应充分体现失能老年人专业照料机构的特色,坚持以人为本,满足失能老年人生活照料、保健康复、精神慰藉、临终关怀等方面的基本需求,按照科学性、合理性和适用性相结合的原则,做到设施齐全、功能完善、配置合理、经济适用。

064. 光荣院

概念

根据《光荣院管理办法》(2010 年 12 月 25 日民政部令第 40 号公布,2020
年 4 月 10 日退役军人事务部令第 3 号修订)定义,光荣院是指国家集中供养
孤老和生活不能自理的抚恤优待对象,并对其实行特殊保障的优抚事业单位。

延伸阅读

1. 服务对象

(1)老年、残疾或者未满 16 周岁的烈士遗属、因公牺牲军人遗属、病故军
人遗属和进入老年的残疾军人、复员军人、退伍军人,无法定赡养人、扶养人、
抚养人或者法定赡养人、扶养人、抚养人无赡养、扶养、抚养能力且享受国家定
期抚恤补助待遇的为集中供养对象,可以申请享受光荣院集中供养待遇。

(2)光荣院在保障好集中供养对象的前提下,可利用空余床位为其他老
年且无法定赡养人、扶养人或者法定赡养人、扶养人无赡养、扶养能力的抚恤
优待对象提供优惠服务。

(3)有条件的光荣院在满足上述对象集中供养、优惠服务的需求外,可面
向其他抚恤优待对象开展优待服务。

2. 服务内容

提供饮食、生活必需品、住房、医疗、康复、护理、保健服务、学习娱乐、精神
关怀服务、清洁卫生、安全保卫服务、心理抚慰等社会工作服务以及其他服务。
对于未满 16 周岁或者已满 16 周岁仍在接受义务教育的集中供养对象,光荣
院应当保障其接受义务教育所需费用。

3. 床位要求

每所光荣院床位数应当不低于 50 张,床位利用率应当达到 80% 以上。

4. 居住用房要求

服务对象居住用房每间应当不小于 $15m^2$，配置卫生间和洗澡间。

5. 医疗功能

光荣院应当设立医疗室，并视条件配备常用和急救所需的医疗器械、设备及药品。

6. 政策优惠

光荣院在建设、用地、水电、燃气、供暖、电信、农副业生产等方面享受国家有关社会福利机构的优惠政策。

7. 供养对象优惠

（1）光荣院应当重点服务保障好集中供养对象，并结合实际视情免除相关费用；

（2）光荣院应当为优惠服务对象提供优惠服务，适当减免相关费用。优惠及优待服务对象的具体范围，收费及减免的具体项目、标准等，由省级人民政府退役军人事务部门商财政、民政等有关部门统筹考虑本地财力状况规定，并加大对荣获个人二等功以上奖励的退役军人和荣获个人二等功以上奖励现役军人父母的优惠力度；

（3）光荣院面向其他抚恤优待对象开展优待服务，按规定收取护理费、床位费、伙食费、医疗费等相关费用；

（4）光荣院集中供养和优惠、优待服务标准由省级人民政府退役军人事务部门商财政等有关部门制定，经省级人民政府批准后公布执行，并根据当地经济社会发展水平适时调整。

065. 农村幸福院

概念

根据《中央专项彩票公益金支持农村幸福院项目管理办法》(财综

〔2013〕56 号）定义，农村幸福院是指由村民委员会进行管理，为农村老年人提供就餐、文化娱乐等照料服务的公益性活动场所。包括农村老年人日间照料中心、托老所、老年灶、老年人活动中心等。

延伸阅读

1. 起源

2008 年，河北省邯郸市肥乡县（现河北省邯郸市肥乡区）推出了一种介于家庭养老和机构养老的新型养老方式——互助幸福院。由村集体出资将一个闲置小学改造成养老院，让村里 25 名年满 60 周岁的独居老人免费居住，互相照拂。村里和政府可以给予的支持有限，养老院的日常开支等由村集体承担，老人自行承担他们的衣、食和医疗支出。老人们秉持"年轻帮助年老，健康帮助体弱"的原则，用互助和自助相结合的方式，在院里共同生活。

2. 医养结合方式

农村幸福院通过与农村卫生室邻近建设或与镇卫生院签订合作协议，提高农村老年人的医养结合能力和水平。

3. 数据概要

为解决农村养老服务设施不足问题，2013—2015 年，民政部联合财政部累计投入中央专项彩票公益金 30 亿元，指导各地以建制村和较大自然村为基点，依托村民自治和集体经济，积极探索农村互助养老新模式，支持建设了 10 万个农村互助幸福院。通过村级主办、互助服务、群众参与、政府支持的方式，有效满足了农村老年人居家养老的需要。

4. 发展规划

国务院办公厅印发的《关于全面放开养老服务市场提升养老服务质量的若干意见》（国办发〔2016〕91 号）提出，"鼓励各地建设农村幸福院等自助式、互助式养老服务设施，加强与农村危房改造等涉农基本住房保障政策的衔接。农村集体经济、农村土地流转等收益分配应充分考虑解决本村老年人的养老问题。加强农村敬老院建设和改造，推动服务设施达标，满足农村特困人员集中供养需求，为农村低收入老年人和失能、半失能老年人提供便捷可及的养老服务。"

《"十四五"国家老龄事业发展和养老服务体系规划》（国发〔2021〕35 号）

提出,"以村级邻里互助点、农村幸福院等为依托,构建农村互助式养老服务网络。支持乡镇级特困人员供养服务设施(敬老院)增加养老服务指导功能,将专业养老服务延伸至村级邻里互助点、农村幸福院和居家老年人。"

《乡村建设行动实施方案》提出,"完善养老助残服务设施,支持有条件的农村建立养老助残机构,建设养老助残和未成年人保护服务设施,培育区域性养老助残服务中心。发展农村幸福院等互助型养老,支持卫生院利用现有资源开展农村重度残疾人托养照护服务。"

066. 护理院

概念

根据国家《护理院基本标准(2011 版)》(卫医政发〔2011〕21 号)定义,护理院是为长期卧床患者、晚期姑息治疗患者、慢性病患者、生活不能自理的老年人以及其他需要长期护理服务的患者提供医疗护理、康复促进、临终关怀等服务的医疗机构。

延伸阅读

1. 床位要求

住院床位总数 50 张以上。病房每床净使用面积不少于 $5m^2$,每床间距不少于 1m。每个病室以 2~4 人间为宜。

2. 科室设置

临床科室至少设内科、康复医学科、临终关怀科;医技科室至少设药剂科、检验科、放射科、营养科、消毒供应室;职能科室至少设医疗质量管理部门、护理部、医院感染管理部门、器械科、病案(统计)室、信息科。

3. 人员要求

(1) 医师

全院至少有 1 名具有副主任医师以上专业技术职务的医师,至少有 3 名具有 5 年以上工作经验的医师。除按照上述要求配备专职医师以外,还可以根据工作需要配备兼职医师。至少有神经内科、心血管内科、呼吸内科、肿瘤科、老年病科等专科的专职或兼职医师负责定时巡视患者,处理医疗问题。每增加 10 张床位,至少增加 1 名专职或兼职医师。

（2）护理人员

每床至少配备 0.8 名护理人员,其中,注册护士与护理员之比为 1∶2~2.5;每 10 张床或每病区至少配备 1 名具有主管护师以上专业技术职务任职资格的护士;每病区设护士长 1 名。

（3）医技人员

应当配备与开展的诊疗业务相应的药师、技师、临床营养师、康复治疗师等医技人员。

4. 场地要求

病房每床净使用面积不少于 $5m^2$,每床间距不少于 1m。每个病室以 2~4 人间为宜;每个病房应当设置衣物储藏的空间,并宜内设无障碍卫生间;设有独立洗澡间;设有康复和室内、室外活动等区域。

067. 护理中心

概念

根据《康复医疗中心、护理中心基本标准和管理规范（试行）》（国卫医发〔2017〕51 号）定义,护理中心是独立设置的为失能、失智或长期卧床人员提供以日常护理照顾为主,辅以简单医疗措施,提高患者生存质量为基本功能的专业医疗机构。

护理中心不含医院内设的护理单元,也不包括按照护理院、护理站标准设置的护理机构。

延伸阅读

1. 床位要求

护理床位总数 20 张以上。

2. 专业设置

至少能够为年老体弱、失能失智和长期卧床人员提供普通内科诊疗、日常医疗照护、基础康复医疗等服务,具备条件的可提供安宁疗护服务。

至少能够提供满足所开展医疗护理服务需要的医学影像、医学检验、药事、营养膳食和消毒供应等保障服务。其中,医学影像、医学检验和消毒供应服务项目等可由第三方专业机构提供。

3. 人员要求

至少应配备 2 名具有 5 年以上工作经验的执业医师,其中,至少有 1 名具有内科专业副高级及以上专业技术任职资格的医师;每床至少配备 0.6 名专职护理人员,其中护士与护理员的比例为 1:(3~4);至少配备 1 名具有主管护师及以上专业技术职务任职资格的护士;设置护理床位达到或超过 30 张的,至少应配备 2 名具有主管护师及以上专业技术职务任职资格的护士。

4. 场地要求

业务用房至少应设有接诊接待(包括入院准备)、医学诊疗、护理单元、公共活动和生活辅助等功能区域;每个护理单元至少应设有患者居住室、护士站、治疗(配药)室和处置室;居住室每床净使用面积不少于 $5m^2$,每床间距不少于 1m。每室居住不超过 4 人为宜;居住室应当设置衣物储藏的空间,并宜内设无障碍卫生间;设有独立洗澡间;设有康复和室内、室外活动等区域。

068. 康复医院

概念

根据《康复医院建筑设计标准(征求意见稿)》术语定义,康复医院是指有一定数量的康复床位,设置康复临床科室、康复治疗科室、康复评定科室、医技科室和职能科室等功能单元,拥有相应人员、设备的医院。根据《康复医院基本标准(2012年版)》(卫医政发〔2012〕17号),目前我国康复医院分三级康复医院、二级康复医院,暂不设一级康复医院。因社会经济状况和康复医疗服务需求等原因,确需设置一级康复医院的地区,由省级卫生行政部门制订一级康复医院基本标准,报国家卫生主管部门备案后实施。

延伸阅读

1. 床位要求

康复医院康复专用床位应占总床位数的75%以上。三级康复医院住院床位总数应大于300张,二级康复医院住院床位总数应大于100张。

2. 临床科室设置要求

三级康复医院需至少设骨与关节康复科、神经康复科、脊髓损伤康复科、儿童康复科、老年康复科、心肺康复科、疼痛康复科、听力视力康复科、烧伤康复科中的6个科室,以及内科、外科和重症监护室。

二级康复医院需至少设置骨关节康复科、神经康复科、儿童康复科、老年康复科、听力视力康复科、疼痛康复科中的3个科室以及内科、外科、重症监护室。

3. 人员要求

三级康复医院每床至少配备1.4名卫生技术人员,其中医师0.2名/床,康复治疗师0.4名/床,护士0.3名/床。医师中具有副高级及以上专业技术职务任职资格人数不低于医师总数的15%。临床科室科主任应当具有副高级及以上专业技术职务任职资格,临床各科室至少有3名中级及以上专业技术职务任职资格的医师。康复治疗师中具有中级及以上专业技术职务任职资格人数不低于康复治疗师总数的10%。治疗科室负责人应当具有中级及以上专业技术职务任职资格,并从事康复治疗工作5年以上。

二级康复医院每床至少配备1.2名卫生专业技术人员,其中医师0.15名/床,康复治疗师0.3名/床,护士0.3名/床。医师中具有副高级及以上专业技术任职资格的人数须不少于医师总数的10%。临床科室科主任应当具有中级及以上专业技术职务任职资格,临床各科室至少有 2 名具有中级以上专业技术职务任职资格的医师。

4. 场地要求

三级康复医院每床建筑面积不少于 95m²。病房每床净使用面积不少于 6m²,床间距不少于 1.2m。康复治疗区域总面积不少于 3 000m²。

二级康复医院每床建筑面积不少于 85m²。病房每床净使用面积不少于 6m²,床间距不少于 1.2m。康复治疗区域总面积不少于 800m²。

069. 康复医疗中心

概念

根据《康复医疗中心、护理中心基本标准和管理规范(试行)》(国卫医发〔2017〕51 号)定义,康复医疗中心是独立设置的为慢性病、老年病以及疾病治疗后恢复期、慢性期康复患者提供医学康复服务,促进功能恢复或改善,或为身体功能(包括精神功能)障碍人员提供以功能锻炼为主,辅以基础医疗措施的基本康复诊断评定、康复医疗和残疾预防等康复服务,协助患者尽早恢复自理能力、回归家庭和社会的医疗机构。

康复医疗中心不包括医疗机构内部设置的康复部门,也不包括以提供医疗康复为主的二级、三级康复医院。

延伸阅读

1. 主要服务人群

康复医疗中心以接收经综合医院康复医学科或康复医院住院康复治疗后,病情处于稳定期或后遗症期,功能仍需要缓慢恢复或进一步稳定,虽不需要大量医疗护理照顾,但又不宜直接回归家庭的患者为主。

2. 床位要求

提供住院康复医疗服务的,设置住院康复床位总数 20 张以上。不提供住院康复医疗服务的,可以不设住院康复病床。但应设置不少于 10 张的日间康复床。

3. 人员要求

设置住院康复床位的,应按每床至少配备 0.5 人的标准配备卫生专业技术人员,其中医师、康复治疗师和护士比例不低于 1∶2∶3。未设置住院床位的,至少应配备 5 名卫生专业技术人员,其中医师不少于 1 名,康复治疗师不少于 2 名。护理员的数量,由康复医疗中心据实际工作需要确定。提供两种或以上专业康复医疗服务的,每个专业至少应有 1 名康复医师或具有本专业技术任职资格的医师。

4. 场地要求

康复医疗业务用房至少应当设有接诊接待(包括入院准备)、康复治疗、康复训练和生活辅助等功能区域。其中,康复训练区总面积不少于 $200m^2$。提供住院康复医疗服务的,还应当设有住院康复病区。设置住院康复床位的,每床建筑面积不少于 $50m^2$。病室每床净使用面积不少于 $6m^2$,床间距不少于 $1.2m$。未设置住院康复床位的,康复医疗业务用房建筑面积不少于 $500m^2$。

070. 老年公寓

概念

老年公寓,即公寓式老年住宅,介于普通公寓和老年人照料设施之间,主要面向有生活自理能力的老年夫妇、单身老人提供居住单元和配套设施。相较于普通公寓,老年公寓更注重居住环境的适老化设计,同时配套家政、餐饮、维修、文娱等必要生活服务和基础医疗护理服务,在保证老年人生活私密性、独立性的同时,也可满足他们日常生活、居家照护、社交娱乐等多元化需求。

延伸阅读

1. 发展起源

老年公寓最早起源于 17 世纪的德国、荷兰等欧洲国家,主要是当地工会团体为商船队员或商铺店主的遗孀们建设的组团式住宅,这种建筑形式尝试将普通住宅与养老服务整合在一起,使老年人既能拥有独立的生活,又能通过工作人员上门的方式获取到家政、餐饮、生活照料等所需的服务。20 世纪初,这种建筑形式在北欧国家大量兴起并受到广泛欢迎,经过近一个世纪的发展,现已覆盖世界各主要发达国家和地区。

2. 功能空间

老年公寓主要包括居住空间和共用空间两类。居住单元通常以"套"为单位,通过租赁的方式提供给老年人。每套老年公寓通常包含起居厅、卧室、卫生间和厨房等功能空间,多采用一室一厅或两室一厅套型;共用空间除必要的门厅、走廊、电梯等交通空间之外,还会根据每个项目的具体情况设置餐厅、活动室、洗衣房、便利店、医务室等配套设施,用以满足老年人在生活服务和社交活动等方面的需求。

3. 类型划分

根据 1996 年国际慈善机构制定的老年居住建筑的划分标准,大致可以将老年公寓划分为三类。

(1)独立型老年公寓

提供给具有独立生活能力的老年人居住。这类老年公寓与普通住宅的居住单元基本相似。每套房间可住一对老年夫妇或 1~2 个独身老人,公用的客厅和厨房是老年人之间的交往空间,均实施无障碍设计。居住对象全部都是健康且精力充沛的老年人,所以工作人员仅仅需要给他们提供少许的帮助和必要的监护即可。

(2)服务型老年公寓

提供给具有半独立生活能力的老年人居住。包括了居住单元、公共餐厅和客厅、浴室、洗衣房、简易厨房和管理服务系统等部分,每个居住单元均由一间起居室和卫生间组成。在这里,专业服务人员要向老年人提供包括膳食、洗衣等所有在内的各项日常生活服务。居住对象是生活方面基本能够自理的健康老年人,他们需要的仅仅是某种程度上的监护和帮助。

（3）护理型老年公寓

提供给生活需要全天候照顾的老年人居住。由于老年人住在这类老年公寓中很容易失去独立性和私密性,因此这类老年公寓应尽可能为老年人营造"家居"的氛围。居住对象是智力健全但体力衰弱的老年人,工作人员需要给他们提供全天候的监护和全面的照料。

071. CCRC

概念

持续照料退休社区（continuing care retirement community,CCRC）是一种复合式的老年社区,融合了普通社区和一般养老机构的规划设计优点,提供各种生活配套设施及服务,兼顾老年人衣食住行、护理照料、医疗康复、心理关怀、社交娱乐、自我价值再实现等综合服务的全日制式付费养老社区。

延伸阅读

1. 主要服务群体

（1）自助型老人

一般在 55~65 岁,老人生活能够自理,居住在独立单元。组织各种形式的活动,如老年大学、兴趣协会等,丰富自助型老年人的日常生活;

（2）介助型老人

一般在 65~75 岁,当老人的日常生活需要他人帮助照料时,将从自理转入介助型护理。介助型老人住在协助生活单元,居住个体分开,但公共设施在同一区域。得到的服务内容除社区服务之外,还包括日常生活照护,如饮食、穿衣、洗浴、洗漱及医疗护理等,社区还为介助型老人提供与身体状况相适应的各类活动,丰富其日常生活;

（3）介护型老人

多在 75 岁以上，当老人生活完全不能自理，需要他人照料时，将转入长期护理区，社区提供 24 小时有专业护士照料的监护服务。CCRC 收住老人类型存在差异。

由护理院演变而来的 CCRC，多为非营利组织赞助，侧重于收住需长期护理照顾的老人。一些专门开设的 CCRC，若是营利性质，则倾向于收住能够独立生活的老人，因为对于 CCRC 而言，主要利润来源于可独立生活的老人，这些老人生活自理，几乎不需生活辅助或专业医疗护理照顾。

2. **主要功能分区**

依据老年人自理及需照顾程度，将老年人居住区域进行业态划分，当老人照顾需求发生变化时，可搬至相应居住区，而不必搬出社区。CCRC 在规模、提供服务等方面有差异，居住区域划分情况也可能不同，主要划分方式如下。

（1）独立生活区

所有的 CCRC 都有独立生活区。独立生活区可以是独栋房屋、多栋连建住宅、双层或三层公寓、大楼公寓等。提供的服务包括健身、餐食、居家清洁、社交活动、娱乐休闲、手工艺等课程、交通、美容、诊疗等，费用通常包含于月费中，也有一部分服务是收费的。独立生活区的入住者多是健康老人，日常生活几乎不需辅助，可以享受家庭健康照护服务。

（2）辅助生活区

辅助生活区通常为大楼公寓或套房，并附有厨房等设施，入住老人大多具有一定独立生活能力，但日常活动中仍需协助，介助程度介于独立生活和专业护理照护之间。老人可以享受保健、餐食或特别饮食、家政、交通、就医协助、个人协助（如写信、提领款）、日常生活活动能力协助、紧急救援，以及喂食、药品管理和沐浴等服务，并鼓励他们积极参加集体就餐和社交娱乐活动。

（3）长期护理区

大部分 CCRC 提供专业护理服务，在社区或附近可及范围内提供短期疾病或损伤的恢复、慢性病治疗或更高层次的支持监护服务。同时提供康复服务，帮助老人尽可能达到独立。居住设施内多设有浴室，单人或与他人合用。

（4）认知症照顾区

越来越多的 CCRC 提供专门的认知症照顾服务（也称为痴呆照顾特别项目），这是一项成熟且富有挑战性的项目，旨在安全的物理环境中尽可能优化老人身体功能和生活质量，最大限度保持他们的尊严和自我存在感。对应地也会设置认知症护理的特殊照料单元（有时与介助、介护合并或不设置）。

072. 养老机构护理型床位（护理型床位）

概念

养老机构护理型床位是指在养老机构内部面向失能、失智老人照护服务需求，体现基本生活照护功能和与生活密切相关的医疗护理服务功能的床位设施。

延伸阅读

1. 意义及现状

数据显示，我国失能、半失能老年人约有 4 000 万人，"一人失能、全家失衡"是这些老年人家庭的真实写照。而九成以上老年人倾向的居家养老，对失能失智老年人的照料在设施和资金投入等方面力有不逮，失能失智老年人家庭对专业养老机构仍存在较大需求。

失能失智老年人的照护是养老服务的难中之难。拥有足够的保障失能失智老年人的护理型床位，才能体现养老服务机构真正的照护服务能力，提高养老服务供需匹配度，满足人民对"老有所养"的期盼。然而，根据《"十四五"公共服务规划》（发改社会〔2021〕1946 号）公布的数据，2020 年，我国养老机构护理型床位占比为 38%，无法匹配 4 000 多万失能老年人入住需求。

2. 发展规划及目标

《国家积极应对人口老龄化中长期规划》提出 2022 年养老机构护理型床位占比 50%、2035 年 80% 的目标；《"十四五"公共服务规划》（发改社会

〔2021〕1946号)《"十四五"民政事业发展规划》(民发〔2021〕51号)均设置约束性指标,聚焦高龄及失能失智老年人长期照护服务的刚性需求,要求到2025年,养老机构护理型床位占比提高至55%,这样可以稳稳托住失能老人的照护底线;《"十四五"国家老龄事业发展和养老服务体系规划》(国发〔2021〕35号)不仅延续了55%这一目标的设定,还提出一系列增加养老机构护理型床位供给的支持措施。例如,支持1000个左右公办养老机构增加护理型床位;中央预算内投资重点支持新建护理型养老服务设施和照护服务能力改造提升项目;引导地方对普通型床位和护理型床位实行差异化补助;完善对护理型床位的认定办法,尽快建立长期照护服务的项目、标准、质量评价等规范。

3. 财政补贴

一些地方加大了对养老机构建设护理型床位的补贴力度。

上海市人民政府办公厅《关于推进本市"十四五"期间养老服务设施建设的实施意见》(沪府办规〔2021〕13号)明确,支持养老机构(含长者照护之家)设置护理型床位,对符合本市设置标准的护理型床位,按照每张床位2000元的标准给予一次性补贴,由市级福利彩票公益金和区财政各承担50%。

南京市发布的《关于健全完善养老服务补贴的通知》(宁民福〔2018〕301号)提出,以自建产权用房举办的养老机构,每张护理型床位给予1.5万元的一次性建设补贴;以租赁用房举办且租期5年以上的养老机构,每张护理型床位给予7500元的一次性改造补贴;普通型床位改造为护理型床位,每张床位给予2500元一次性改造补贴。

《山东省省级养老服务专项资金补助项目实施方案》(鲁民〔2021〕21号)要求,新建护理型养老床位补助标准最高提高48%,每张新建护理型床位补助标准由5400~9600元提高到8000~1.2万元,每张租赁建设护理型床位补助标准由2400~4800元提高到3000~5000元。

养老金体系

073. 养老金"三支柱"

概念

1994年,世界银行首次提出养老金的"三支柱"的概念:第一支柱是由政府管理的强制性、现收现付制的公共养老金计划,主要目标是保障老年人的基本生活需要;第二支柱是由雇主发起、私人部门管理的完全积累制职业养老金计划,作用是减少对第一支柱的依赖;第三支柱是个人自愿参加的养老储蓄计划,由政府提供税收激励。目前,我国已初步构建起以基本养老保险为基础、以企业(职业)年金为补充、与个人储蓄性养老保险和商业养老保险相衔接的"三支柱"养老保险体系。

延伸阅读

1. 养老金第一支柱

即基本养老保险,是国家根据法律法规的规定建立和强制实施的一种社会保险制度。在这一制度下,用人单位和劳动者必须依法缴纳养老保险费,在劳动者达到国家规定的退休年龄或因其他原因而退出劳动岗位后,并且缴费符合规定的缴费年限,社会保险经办机构依法向其支付养老金等待遇,从而保障其基本生活。基本养老保险与基本医疗保险、工伤保险、失业保险、生育保险等共同构成现代社会保险制度,并且是社会保险制度中最重要的险种之一。

第一支柱基本养老保险,包括城镇职工基本养老保险和城乡居民基本养老保险,由政府主导。

2. 养老金第二支柱

即职业养老金,是一种补充养老保险制度。它既不是社会保险,也不是商业保险,而是一项企事业单位的福利制度,与职业关联,由国家政策引导、单位和职工参与、市场运营管理、政府行政监督,目的是提高基本养老生活水平。职业养老金包括面向城镇企业职工的企业年金和面向机关事业单位职工的职业年金。截至 2020 年年底,全国参加企业(职业)年金 6 953 万人,积累基金3.6 万亿元。

3. 养老金第三支柱

是利用政府提供的税收优惠政策和财政补贴政策,运用市场机制介入和资源供给,利用市场化的形式为参保人员提供更优质、更丰富的老年保障,同时个人自愿选择产品和投资组合参与的储蓄型养老金制度,该支柱相比于第一、第二支柱更具备自发性、多样性的特点,能有效满足不同收入水平人群的养老保障需求,提升其养老保障水平与效率。第三支柱包括个人储蓄型养老保险和商业养老保险,是个人利用金融手段增加养老保障供给的有效形式。

074. 城镇职工基本养老保险

概念

城镇职工基本养老保险是国家通过立法强制执行的一种社会保险制度,由参保单位或其他灵活就业人员依法履行参保缴费义务,政府在劳动者因年老或病残退出劳动岗位后,向其支付基本养老金,确保其仍有一定稳定可靠的生活来源。

延伸阅读

1. 参保范围

在城镇职工基本养老保险的统计范围中,包含了企业职工、灵活就业人员,机关事业单位编制内人员和编制外人员。其中,企业职工、灵活就业人员、机关事业单位编制外的人员执行的是企业职工基本养老保险;机关事业单位编制内的工作人员执行的是机关事业单位养老保险。

2. 账户管理

城镇职工基本养老保险实行社会统筹与个人账户相结合。其中,机关事业单位基本养老保险基金单独建账,与企业职工基本养老保险基金分别管理使用。

3. **数据概要**

截至 2021 年年末,全国城镇职工基本养老参保人数为 48 074 万人,比上年末增加 2 453 万人。其中,参保职工 34 917 万人,参保离退休人员 13 157 万人,分别比上年末增加 2 058 万人和 395 万人。截至 2021 年年末,城镇职工基本养老保险执行企业制度参保人数为 42 228 万人,比上年末增加 2 320 万人。全年城镇职工基本养老保险基金总收入 60 455 亿元,基金支出 56 481 亿元。2021 年年末,城镇职工基本养老保险基金累计结存 52 574 亿元。2021 年,企业职工基本养老保险基金中央调剂比例提高到 4.5%,基金调剂规模为 9 327 亿元。

075. 城乡居民基本养老保险

概念

城乡居民基本养老保险是由新型农村社会养老保险(新农保)和城镇居民社会养老保险(城居保)合并而来,主要针对未参加职工养老保险(含灵活就业)的城乡居民提供基本养老补充。

延伸阅读

1. 参保范围

根据《关于建立统一的城乡居民基本养老保险制度的意见》（国发〔2014〕8号），城乡居民基本养老保险制度的参保范围是年满16周岁（不含在校学生），非国家机关和事业单位工作人员及不属于职工基本养老保险制度覆盖范围的城乡居民，可以在户籍地参加城乡居民养老保险。

2. 缴费主体

（1）个人缴费

参加城乡居民养老保险的人员应当按规定缴纳养老保险费。缴费标准目前设为每年100元、200元、300元、400元、500元、600元、700元、800元、900元、1 000元、1 500元、2 000元12个档次，省（区、市）人民政府可以根据实际情况增设缴费档次，最高缴费档次标准原则上不超过当地灵活就业人员参加职工基本养老保险的年缴费额，并报人力资源和社会保障部备案。人力资源和社会保障部会同财政部依据城乡居民收入增长等情况适时调整缴费档次标准。参保人自主选择档次缴费，多缴多得。

（2）集体补助

有条件的村集体经济组织应当对参保人缴费给予补助，补助标准由村民委员会召开村民会议民主确定，鼓励有条件的社区将集体补助纳入社区公益事业资金筹集范围。鼓励其他社会经济组织、公益慈善组织、个人为参保人缴费提供资助。补助、资助金额不超过当地设定的最高缴费档次标准。

（3）政府补贴

政府对符合领取城乡居民养老保险待遇条件的参保人全额支付基础养老金，其中，中央财政对中西部地区按中央确定的基础养老金标准给予全额补助，对东部地区给予50%的补助。地方人民政府应当对参保人缴费给予补贴，对选择最低档次标准缴费的，补贴标准不低于每人每年30元；对选择较高档次标准缴费的，适当增加补贴金额；对选择500元及以上档次标准缴费的，补贴标准不低于每人每年60元，具体标准和办法由省（区、市）人民政府确定。对重度残疾人等缴费困难群体，地方人民政府为其代缴部分或全部最低标准的养老保险费。

3. 领取条件

（1）参加城乡居民养老保险的个人，年满 60 周岁、累计缴费满 15 年，且未领取国家规定的基本养老保障待遇的，可以按月领取城乡居民养老保险待遇。

（2）新农保或城居保制度实施时已年满 60 周岁，在 2014 年 2 月 21 日前未领取国家规定的基本养老保障待遇的，不用缴费，自 2014 年 2 月起，可以按月领取城乡居民养老保险基础养老金；距规定领取年龄不足 15 年的，应逐年缴费，也允许补缴，累计缴费不超过 15 年；距规定领取年龄超过 15 年的，应按年缴费，累计缴费不少于 15 年。

（3）城乡居民养老保险待遇领取人员死亡的，从次月起停止支付其养老金。有条件的地方人民政府可以结合本地实际探索建立丧葬补助金制度。

4. 数据概要

截至 2021 年年末，城乡居民基本养老保险参保人数 54 797 万人，比上年末增加 554 万人。其中，实际领取待遇人数 16 213 万人。全年城乡居民基本养老保险基金收入 5 339 亿元，基金支出 3 715 亿元。2021 年末，城乡居民基本养老保险基金累计结存 11 396 亿元。

076. 企业年金

概念

根据《企业年金办法》（人力资源和社会保障部令第 36 号）定义，企业年金是指企业及其职工在依法参加基本养老保险的基础上，自主建立的补充养老保险制度。

延伸阅读

1. 缴费主体

企业年金所需费用由企业和职工个人共同缴纳。企业缴费每年不超过本企业职工工资总额的 8%。企业和职工个人缴费合计不超过本企业职工工资总额的 12%。具体所需费用,由企业和职工协商确定。员工个人缴费由企业从职工个人工资中代扣代缴。

2. 账户管理

企业缴费应当按照企业年金方案确定的比例和办法计入职工企业年金个人账户,职工个人缴费计入本人企业年金个人账户。职工企业年金个人账户中个人缴费及其投资收益自始归属于职工个人。

3. 领取条件

(1)职工在达到国家规定的退休年龄或者完全丧失劳动能力时,可以从本人企业年金个人账户中按月、分次或者一次性领取企业年金,也可以将本人企业年金个人账户资金全部或者部分购买商业养老保险产品,依据保险合同领取待遇并享受相应的继承权。

(2)出国(境)定居人员的企业年金个人账户资金,可以根据本人要求一次性支付给本人。

(3)职工或者退休人员死亡后,其企业年金个人账户余额可以继承。

符合上述条件之一的,可以领取企业年金。

4. 主要特点

(1)企业年金具有累积性。企业年金的累积性主要体现在两方面。一方面,企业年金的投资运营具有长期性。一般来说,从开始缴费到领取养老金,年金基金的积累期可以长达几十年,并形成规模庞大的资金存量;另一方面,企业年金的经营具有稳定性,我国企业年金采用完全积累制,企业缴费和职工个人缴费均计入企业年金个人账户,并按照国家有关规定进行集中投资运营和管理。从长远来看,缴纳企业年金可以为职工积累一定的养老储蓄,并且累积的年金基金通过专业机构的长期投资还可以获得一定的收益。国外发达国家发展企业年金的经验表明,在宏观层面,企业年金制度可以在一定程度上对国家产生激励作用,其能够分担国家的养老保障压力,推动社会经济的稳定发展。

(2)完善企业的激励机制。企业年金具有激励性。在激烈的市场竞争中,企业要想生存和发展,除了需要获得资金、技术等方面的支持外,更需要有竞争优势的人力资源。为了吸引和保留人才,企业需要不断完善激励机制,从而稳定人才队伍。企业年金作为一种保障职工利益的福利制度,能够形成良好的激励作用。企业年金制度以延期支付形式为基础,能够使企业与职工之间建立长期、密切的联系,可以激发职工工作的积极性,提升职工的责任感,增强企业与职工之间的凝聚力,从而在一定程度上增强企业的市场竞争力,推动企业的发展。雇主父爱主义理论认为,雇主根据个人意愿设置企业年金制度是为了通过建立更具激励作用的分配机制来增加雇员福利,从而改善雇主与雇员之间的关系,激励雇员提高工作效率,节约经营成本。

（3）提高个人的养老保障。企业年金具有保障性。随着我国经济的发展以及国民生活质量的提高,人们不再仅仅满足于物质上的需求,而是追求需求的多样化发展以及精神层面的富裕。与基本养老保险"广覆盖、保基本"的特点相比,企业年金是职工退休生活保障的重要补充形式,可以在一定程度上弥补基本养老保险保障水平的不足,降低职工退休前后的收入差距,保障职工退休后的养老水平,从而在一定程度上满足退休职工获得更高生活质量的需求。储蓄替代理论认为,企业年金制度是人们储蓄活动的替代物,是对传统储蓄行为的替代,企业年金可以被视为雇员为保证退休生活水平而进行储蓄的实现形式。

5. 数据概要

截至 2021 年年底,全国企业年金规模 2.64 万亿元,建立企业约 11.75 万个,参与职工约 2 875 万人,在参加基本养老的城镇职工中占比不足 6%。

077. 职业年金

概念

根据《关于印发机关事业单位职业年金办法的通知》(国办发〔2015〕18

号）定义,职业年金是指机关事业单位及其工作人员在参加机关事业单位基本养老保险的基础上,建立的补充养老保险制度。

延伸阅读

1. 缴费主体

职业年金所需费用由单位和工作人员个人共同承担。单位缴纳职业年金费用的比例为本单位工资总额的 8%,个人缴费比例为本人缴费工资的 4%,由单位代扣。

2. 账户管理

职业年金基金采用个人账户方式管理。个人缴费实行实账积累。对财政全额供款的单位,单位缴费根据单位提供的信息采取记账方式,每年按照国家统一公布的记账利率计算利息,工作人员退休前,本人职业年金账户的累计储存额由同级财政拨付资金记实;对非财政全额供款的单位,单位缴费实行实账积累。实账积累形成的职业年金基金,实行市场化投资运营,按实际收益计息。

3. 领取条件

（1）工作人员在达到国家规定的退休条件并依法办理退休手续后,由本人选择按月领取职业年金待遇的方式。可一次性用于购买商业养老保险产品,依据保险契约领取待遇并享受相应的继承权;可选择按照本人退休时对应的计发月数计发职业年金月待遇标准,发完为止。职业年金个人账户余额享有继承权。本人选择任一领取方式后不再更改。

（2）出国（境）定居人员的职业年金个人账户资金,可根据本人要求一次性支付给本人。

（3）工作人员在职期间死亡的,其职业年金个人账户余额可以继承。

符合以上条件之一的可以领取职业年金。

4. 主要特点

（1）具有激励性和延期支付功能

职业年金与机关事业单位工作人员的服务时间长短、业绩等指标挂钩,具有较强的激励特征。同时,职业年金由单位和个人按一定比例出资成立,在职工工作期间按规定投资运作、保值增值,职工只能在退休后才能获得职业年金,具有受法律保护延期支付的特点。职业年金既不是社会保险,也不是商业保险,而是一项单位福利制度,是机关事业单位人力资源管理、薪酬福利管理的重要组成部分。

（2）具有补充养老功能

从本质上看,职业年金是职工工资的延期支付,这种延期支付的目的,是为职工未来的退休养老做准备,以避免基本养老保险不足导致生活水平下降。从这个意义上讲,职业年金将对提高养老金替代率、缓解财政压力发挥重要作用,也有利于机关事业单位养老保险制度改革的平稳过渡。

（3）具有强制性功能

参加机关事业单位养老保险的,必须同时建立职业年金,对所有机关事业单位在编职工实现全覆盖。职业年金是为了减轻国家财政负担、保障公职人员退休后的生活、促进社会公平而推出,具有一定的强制性。

5. 数据概要

截至 2019 年 5 月末,职业年金累积结余规模约 6 100 亿元,参与职工共计 2 970 万人,在参与基本养老的 3 612 万机关事业单位工作人员中占比超过 82%;参与职工中,缴费人数达 2 867 万,缴费率超过 96%。

078. 个人养老金

概念

根据《个人养老金实施办法》(人社部发〔2022〕70号)定义,个人养老金是指政府政策支持、个人自愿参加、市场化运营、实现养老保险补充功能的制度。个人养老金实行个人账户制,缴费完全由参加人个人承担,自主选择购买符合规定的储蓄存款、理财产品、商业养老保险、公募基金等金融产品(本词条内统称个人养老金产品),实行完全积累,按照国家有关规定享受税收优惠政策。

延伸阅读

1. 目的意义

根据《关于推动个人养老金发展的意见》(国办发〔2022〕7号)介绍,推动发展个人养老金的目的意义主要在于"推进多层次、多支柱养老保险体系建设,促进养老保险制度可持续发展,满足人民群众日益增长的多样化养老保险需要。"

2. 参加人范围

应当是在中国境内参加城镇职工基本养老保险或者城乡居民基本养老保险的劳动者。

3. 参与金融机构范围

包括经原中国银行保险监督管理委员会确定开办个人养老金资金账户业务的商业银行(以下简称商业银行),以及经金融监管部门确定的个人养老金产品发行机构和销售机构。

4. 参加途径

通过全国统一线上服务入口或者商业银行渠道,在信息平台开立个人养老金账户。

5. 缴费上限

参加人每年缴纳个人养老金额度上限为12 000元,参加人每年缴费不得超过该缴费额度上限。

6. 缴费方式

参加人可以按月、分次或者按年度缴费,缴费额度按自然年度累计,次年重新计算。

7. 投资范围

个人养老金资金账户资金用于购买符合规定的银行理财、储蓄存款、商业养老保险、公募基金等运作安全、成熟稳定、标的规范、侧重长期保值的满足不同投资者偏好的金融产品,参加人可自主选择。

8. 领取条件

个人养老金资金账户封闭运行,参加人达到以下任一条件的,可以按月、分次或者一次性领取个人养老金:①达到领取基本养老金年龄;②完全丧失劳动能力;③出国(境)定居;④国家规定的其他情形。

9. 试点城市

根据《关于公布个人养老金先行城市(地区)的通知》(人社厅函〔2022〕169 号),首批试点城市有北京、天津、河北石家庄、河北雄安新区、山西晋城、内蒙古呼和浩特、辽宁沈阳、辽宁大连、吉林长春、黑龙江哈尔滨、上海、江苏苏州、浙江杭州、浙江宁波、安徽合肥、福建、江西南昌、山东青岛、山东东营、河南郑州、湖北武汉、湖南长沙、广东广州、广东深圳、广西南宁、海南海口、重庆、四川成都、贵州贵阳、云南玉溪、西藏拉萨、陕西西安、甘肃庆阳、青海西宁、宁夏银川、新疆乌鲁木齐。

10. 数据概要

根据国家社会保险公共服务平台公开数据,截至 2024 年 3 月 31 日,共有 746 只个人养老金产品发行,其中储蓄产品 465 只,保险产品 71 只,理财产品 23 只,基金产品 187 只。

079. 商业养老保险

概念

根据《关于加快发展商业养老保险的若干意见》(国办发〔2017〕59 号)定义,商业养老保险是商业保险机构提供的,以养老风险保障、养老资金管理等为主要内容的保险产品和服务,是养老保障体系的重要组成部分。

延伸阅读

1. 现实意义

发展商业养老保险,对于健全多层次养老保障体系、促进养老服务业多层次多样化发展、应对人口老龄化趋势和就业形态新变化、进一步保障和改善民生、促进社会和谐稳定等具有重要意义。

2. 发展现状

我国的第三支柱商业养老保险处于发展的初级阶段,发展尚不充分,各方面发展还不成熟,没有形成完善的体系,具有很大的发展潜力,有待于进一步发展和提高。我国的潜在养老需求很大,大部分居民的投保意识和加保意识较差。商业养老保险没有发挥储蓄型养老主力军的作用,没有替代居民的养老储蓄。我国的商业养老保险发挥着越来越重要的作用,但是与国际发展水平相比,还有很大的差距,在我国的养老保险体系中的地位和作用没有充分发挥出来。

3. 有关数据

从保险行业发展看,原中国银行保险监督管理委员会数据显示,2020 年1—9 月养老年金保险保费收入 551 亿元,同比增长 32.7%;但养老年金保险在人身保险保费收入中的比重只有 2% 左右,积累的养老准备金占 GDP 的比重仅为 0.76%。

4. 产品类别

市场中,商业养老保险产品主要有养老年金保险,以及基于此延伸出的个人税收递延型养老保险、专属商业养老保险等。其中,养老年金保险主要以提供养老保障为目的,每年可定期领取定额的保险金,退休之后再给付年金的产品,一般分为"积累期"与"领取期"两个阶段,积累期即客户交费和资金增值的阶段,领取期为开始领取养老金的阶段。个人税收递延型商业养老保险的特点在于,投保人可在税前列支保费,在领取保险金时再缴纳税款,实质上是国家在政策上给予购买养老保险产品个人的税收优惠;专属商业养老保险则具备多项"养老"属性,将领取年龄限制在 60 周岁及以上,采取账户式管理,除养老保障外,还为客户提供身故保险金保障、失能护理、重度失能保险金保障。

5. 专属商业养老保险

根据《关于开展专属商业养老保险试点的通知》(银保监办发〔2021〕57

号），专属商业养老保险是指以养老保障为目的，领取年龄在 60 周岁及以上的个人养老年金保险产品。产品设计分为积累期和领取期两个阶段，领取期不得短于 10 年。产品采取账户式管理，账户价值计算和费用收取公开透明。

2021 年 6 月 1 日起，在浙江省和重庆市开展专属商业养老保险试点。试点期限暂定 1 年。参与试点的保险公司包括：中国人民人寿保险股份有限公司、中国人寿保险股份有限公司、太平人寿保险有限公司、中国太平洋人寿保险股份有限公司、泰康人寿保险有限责任公司、新华人寿保险股份有限公司。试点内容有以下四项。

（1）试点保险公司应创新开发投保简便、交费灵活、收益稳健的专属商业养老保险产品。消费者达到 60 周岁及以上方可领取养老金，且领取期限不短于 10 年。

（2）试点保险公司应积极探索服务新产业、新业态从业人员和各种灵活就业人员养老需求。允许相关企事业单位以适当方式，依法合规为上述人员投保提供交费支持。

（3）试点保险公司应探索建立与专属商业养老保险业务长期发展相适应的内部管理机制，包括长期销售激励考核机制、风险管控机制和较长期限的投资考核机制等。

（4）在风险有效隔离的前提下，鼓励试点保险公司积极探索将专属商业养老保险业务发展与养老、照护服务等相衔接，满足差异化养老需求。

养老金融

080. 老年人意外伤害险

概念

根据《关于开展老年人意外伤害保险工作的指导意见》(全国老龄办发
〔2016〕32号)定义,老年人意外伤害保险是由投保人与保险人签订保险合
同,在被保险人因遭受外来、突发、非本意、非疾病的事件直接导致老年人身体
伤害或死亡时,依照合同约定,给付受益人保险金的一种商业保险。

延伸阅读

1. 目的意义

老年人在日常生活中遭受意外伤害的风险远高于其他年龄群体,不但会
增加基本医疗保险的支付压力,也会加重老年人及其家庭经济负担。开展老
年人意外伤害保险工作,逐步建立和完善政府支持、社会捐助、个人自费投保
相结合的老年人意外伤害保险制度,形成政府、社会、家庭和个人应对风险合
力,既有利于发挥商业保险的补充作用,拓展金融保险业新领域,推动现代保
险服务业发展,又有利于缓解社会保障压力,提高老年人及其家庭抗风险能
力,减少因老年人意外伤害引发的矛盾和纠纷,促进社会和谐稳定。

2. 参保范围

60周岁及以上老年人均可成为老年人意外伤害保险的被保险人,原则上

不设年龄上限。各地区可根据实际情况适当放宽被保险人年龄范围,但不应低于 50 周岁。

3. 责任范围

老年人在生产、生活的各种场所,包括在居家生活、乘坐公共交通工具、参加公共场所活动、入住养老服务机构、外出旅游时发生的各种意外伤害事故,均应纳入意外伤害保险责任范围。保险产品的具体责任范围及履约要求,由承保保险公司和投保人共同约定。

4. 数据概要

2018 年,全国老年人意外伤害保险的保费收入为 71 亿元,是 2016 年的 2.2 倍,在意外伤害保险保费收入中的占比从 2016 年的 4.2% 提高到 2018 年的 6.6%。截至 2019 年第三季度末,人身险公司经营的老年人意外伤害保险保费收入达 35 亿元,期末有效保单件数为 1 218 万件,期末有效承保人次 3.96 亿。老年人意外伤害保险覆盖率逐年攀升,如自广东省老年人意外伤害保险开展以来,覆盖率从 2016 年 11 月的 53% 提升到了 2019 年年底的 85%,参保人数达 1 166 万人,部分地市覆盖率更是达到了 100%。

5. 推广情况

各省(自治区、直辖市)人民政府在老年人意外伤害保险项目推进上都联合了大型保险公司进行承办,并打造"银龄安康行动""安康关爱行动"等老年人意外伤害保险品牌,实现了"覆盖人群广、理赔服务优、品牌影响大、示范效应强"等突出优势,在一定程度上实现了老年人意外伤害保险高质量发展。

081. 住房反向抵押养老保险

概念

反向抵押养老保险是一种将住房抵押与终身养老年金保险相结合的创新型商业养老保险业务,即拥有房屋完全产权的老年人,将其房产抵押给保险公司,继续拥有房屋占有、使用、收益和经抵押权人同意的处置权,并按照约定条件领取养老金直至身故;老年人身故后,保险公司获得抵押房产处置权,处置所得将优先用于偿付养老保险相关费用。

延伸阅读

1. 参保范围

60 周岁以上拥有房屋完全独立产权的老年人。

2. 住房反向抵押与住房借款抵押区别

通常来说住房借款抵押是指在房屋所有权人不转移占有情形下,为自己向债权人借款的行为提供担保,如果本人作为债务人不能按照约定履行还款义务,则在房屋的价值内债权人可以优先受偿的权利。住房借款抵押与住房反向抵押的共性在于都是广义上的抵押担保,即以房屋现有价值或期待价值作为抵押的标的,在实现抵押权目的条件触发之后,抵押权旋即生效的物权行为。除此之外两种抵押行为存在诸多不同之处。

首先,抵押人主体存在不同。住房借款抵押的抵押人与抵押权人没有主体上的特别限制,只要享有民事权利能力的自然人主体具有相应的民事行为能力时即可,即便不具有相应民事行为能力也可由法定监护人代理的方式代为行使,或具有民事行为能力人委托他人行使;然而住房反向抵押的债务人或抵押人必须是满足一定年龄要求的老年人,而住房反向抵押法律关系的相对方即债权人或抵押权人必须是具有一定资质的法人金融机构,且需要准备充足的资本和完善的管理机制,在准入条件方面相对严格很多。

其次,住房所有权的转移存在不同。按照我国现行《中华人民共和国物权法》禁止流质的一般规定,普通住房借款抵押禁止约定债务人无法履行债务时或触发抵押权生效的情形时债权人可以直接获得住房所有权的条款;然而住房反向抵押的生效是以抵押人(借款人)自然死亡为要件,在抵押人(借款人)死亡后抵押权人无须受到禁止流质的一般限制而直接取得抵押住房的所有权。

再次,住房借款抵押与住房反向抵押之上追索权存在差异。对于住房借款抵押,如果债务人(抵押人)在其所抵押住房的所有价值无法偿还借款本金及利息时,债权人(抵押权人)可以向债务人追偿住房价值外的剩余借债;而住房反向抵押过程中如果住房标的在债务人(抵押人)未来自然死亡条件发生时的价值不足以偿还债权人(抵押权人)的借款及利息全部价值,对于不足的部分抵押权人金融机构不得向抵押人进行追偿也不能向抵押人的继承人追偿。

最后,住房借款抵押和住房反向抵押制度存在目的不同,前者用于一般的经济往来,为了担保债务实现不需要为了特定的使用目的,相比之下住房借款抵押的目的限定在养老这一特定目的,目的是通过住房对价来换取养老金,以预防老年人在晚年没有劳动收入时带来的经济生活困难。

3. 住房反向抵押与住房按揭贷款的区别

住房按揭贷款是自然人在向房屋销售方支付一定比例通常在30%以上的首付款之后,剩余的购房款以分期付款的方式支付给银行,购房人可以在取得房屋所有权之前对房屋行使占有、使用、收益的权利。如果购房者在指定的还款期限内向按揭银行支付完剩余房款和利息后,抵押权实现由购房者获得购房的所有权。一旦购房者因无法按时还款导致抵押合同违约,最终银行以拍卖方式,扣除违约金和未偿还本金利息后,将剩余部分偿还给购房人以解除住房按揭贷款合同。

住房反向抵押与一般住房按揭贷款的区别在于,住房反向抵押是将自己的房抵押给金融机构,以住房反向抵押养老为例,拥有完全产权的老年人将自己的房屋抵押给保险机构,由保险机构为老年人定期发放养老金,在老年人死后取得房屋处置权,对房屋价值实现"多退少不补"的最终结果。住房按揭贷款的住房原始权属是开发商,而住房反向抵押原始权属是老年人;住房按揭贷款的抵押权人是银行,而住房反向抵押的抵押权人是保险公司;对于抵押人而言住房按揭贷款的最终目的是取得房屋所有权,而住房反向抵押的最终目的是获得养老金,因而所谓住房反向抵押是指抵押的目的与住房正向抵押即住房按揭贷款刚好相反,前者为了不动产房屋,后者为了动产金钱。住房借款抵押与住房按揭贷款除了抵押权人主体资格不同外,其他方面如抵押人占有、所有权转移、追索权等基本相似。此外,在风险承担方面,住房按揭贷款目的是获得房屋,所以一般不会对房屋进行恶意损坏而是精细保养,然而住房反向抵押的目的是获得养老金,则抵押人对房屋的管理可能不会尽到精细保养的注意义务,因为抵押人在取得金钱后其目的已经达到,即使其对房子精细呵护,抵押权人也不会奖励抵押人额外的金钱,因此由于保险公司无法时刻对房屋的养护进行监督,在老年人去世后房子出现贬损的风险将完全由保险公司负担。

4. 推广情况

该产品于 2014 年 7 月 1 日起,在北京、上海、广州、武汉 4 个城市开始首批试点,2018 年 7 月起试点推广至全国,但发展极其缓慢,整体承保规模很小。截至 2019 年 9 月,在北京、上海等 8 个城市累计承保仅 138 户(203 人)。

082. 养老机构责任保险

概念

养老机构责任保险是指入住老人在养老机构活动中,因各种原因发生事故造成依法应由养老机构承担的经济赔偿责任时,由保险公司在约定期间内按一定限额给予赔偿的责任保险。

延伸阅读

1. 目的意义

推进养老机构责任保险工作,是构建养老服务业风险分担机制的重要内容,是提升养老机构责任意识和风险意识、强化养老机构内部管理、降低运营风险、维护老年人合法权益的重要手段,是加强服务环境建设、做好养老机构责任事故善后处理、维护社会和谐稳定大局的重要保障。

2. 保障对象

养老机构。

3. 保障范围

包括人身伤亡、无责救助及法律费用。一是投保人在养老机构责任范围内发生事故造成人身损害,应由养老机构依法承担经济赔偿责任的,保险公司依据合同给付赔偿金,并负责养老机构为防止或减少入住老人人身伤害而支付的必要合理的救助费用。二是无责救助,在保险期内养老机构无责事故造成人员伤亡,由保险人依据协议给予老年人的救助金。三是法律费用,因发生保险责任事故被提起诉讼或仲裁,涉及的法律费用及其他必要合理的费用由保险人依照合同约定给予赔偿。

4. 开展形式

多数省市实行政策支持、政府统筹、市场化运作、保险经纪公司参与、保险公司承保的全省统保形式。补贴方式各省各不相同,包括全额补贴、比例补贴、定额补贴三种模式。补贴资金主要来源于财政拨款和福利彩票基金。

5. 数据概要

我国 2016 年已有 10 多个省级地区落地养老机构责任保险,共 680 万张养老机构床位参保,约占全国总量的 10%。截至 2017 年,全国已有 23 个省市启动养老机构责任保险,多地实现了全覆盖。到 2018 年,我国共有养老机构 2.9 万家,其中 1.3 万家投保了养老机构综合责任险,占养老机构总数的 45%。

083. 养老理财产品

概念

养老理财产品是指由理财公司设计发行的,符合长期养老需求和生命周期特点,采用稳健资产配置策略的理财产品。与一般理财产品相比,养老理财产品的风险管理机制更加健全,实施非母行第三方独立托管。

延伸阅读

1. 产品特点

养老理财产品兼具长期性、普惠性和稳健性。

长期性：目前，存续养老理财产品大多为 5 年期封闭式运作模式。在期限较长的情况下，养老理财产品均设置了定期现金分红和特殊情况下可提前赎回的条款，解决了流动性问题。

普惠性：养老理财产品投资起点仅 1 元，极大降低了投资者门槛，也提升了投资者体验。同时，产品设置了相对较低的固定管理费率和销售服务费率，无认购及申购费。

稳健性：养老理财产品的风险等级主要为二级，固收类资产的配置比例集中在 80%~100%，风险相对较小，还引入平滑基金、风险准备金、减值准备等风险保障机制，增强产品风险抵御能力。

2. 试点范围

2021 年 9 月，中国银行保险监督管理委员会发布《关于开展养老理财产品试点的通知》，选择工银理财（武汉市和成都市）、建信理财（深圳市）、招银理财（深圳市）和光大理财（青岛市）"四地四家机构"开展养老理财产品试点，试点期限暂定 1 年，每家试点机构养老理财募集规模不超过 100 亿元。2022年 2 月，中国银行保险监督管理委员会发布《关于贝莱德建信理财有限责任公司开展养老理财产品试点的通知》与《关于扩大养老理财产品试点范围的通知》，将试点范围扩展为"十地十机构"+ 贝莱德建信理财。

3. 数据概要

截至 2022 年 12 月 6 日，养老理财发行规模超过 1 000 亿元，存续期内理财产品共 50 只，同比分别增长了 3.81 倍、10 倍。首批试点的四家理财公司单家机构产品募集资金总规模上限由 100 亿元人民币提高至 500 亿元人民币，而新增的试点理财公司则为 100 亿元人民币。受益于募集资金总规模上限的调整，首批四家试点机构（工银理财、建信理财、招银理财、光大理财）共发行了 37 只养老理财产品，募集资金超过 680 亿元。其中招银理财募集资金规模超 260 亿元，占比超过 25%。第二批试点机构中五家试点机构（交银理财、中银理财、农银理财、中邮理财、兴银理财)共发行 13 只产品,募集资金约 320 亿元。

084. 养老目标基金

概念

养老目标基金是指以追求养老资产的长期稳健增值为目的,鼓励投资人长期持有,采用成熟的资产配置策略,合理控制投资组合波动风险的公开募集证券投资基金。

延伸阅读

1. 运作形式

养老目标基金应当采用基金中基金形式或中国证券监督管理委员会认可的其他形式运作。

2. 资产配置策略

养老目标基金应当采用成熟稳健的资产配置策略,控制基金下行风险,追求基金长期稳健增值。投资策略包括目标日期策略、目标风险策略以及中国证监会认可的其他策略。

3. 基金分类

采用目标日期策略的基金被称为目标日期基金;采用目标风险策略的基金被称为目标风险基金。

目标日期基金是根据投资者不同年龄的风险偏好和收益目标调整资产配置的基金投资工具,其产品名称中通常含有目标日期,即预计退休年份。随着所设定目标日期的临近,逐步降低权益类资产的配置比例,增加非权益类资产(股票、股票型基金和混合型基金)的配置比例。假定随着年龄增长,投资者的风险承受能力下降,随着目标日期临近基金风险水平逐步降低。投资者不需要主动进行投资决策,主要依靠基金管理人来完成生命周期内的资产配置的调整。

目标风险基金是根据投资者风险承受能力进行资产配置,并维持目标组合风险固定不变的基金投资工具。其特点是始终保持资产组合的风险恒定,比较适合能清晰认识自身风险偏好的投资者。根据风险等级不同,目标风险基金大致可分为激进型、稳健型和保守型。

4. 封闭运作期 / 投资人持有期

养老目标基金定期开放的封闭运作期或投资人最短持有期限应当不短于1年。养老目标基金定期开放的封闭运作期或投资人最短持有期限不短于1年、3年或5年,基金投资于股票、股票型基金、混合型基金和商品基金〔含商品期货基金和黄金 ETF(exchange traded fund, ETF)〕等品种的比例合计原则上不超过 30%、60%、80%。

5. 数据概要

截至 2022 年 8 月 31 日,全市场养老目标 FOF(fund of fund, FOF)基金产品共计 183 只,最新规模合计 1 067.73 亿元。从整体情况看,目标风险型 FOF 基金共有 103 只,规模合计 879.70 亿元;目标日期型 FOF 基金产品共计 80 只,规模合计 188.03 亿元;从产品规模看,目前养老目标 FOF 中以目标风险型产品为主,而在目标风险型产品中又以稳健型产品为主,在单只产品规模上,两类产品也表现出较大差距。规模最大的目标风险型产品近 200 亿元,而规模最大的目标日期型产品不到 12 亿元;此外,103 只目标风险型产品中有 24 只规模在 10 亿元以上,而目标日期型产品仅 5 只规模超过 10 亿元,一半以上的产品规模不足 2 亿元。从投资收益看,近一年、近两年、近三年的平均回报率分别为 -5.75%、2.63%、28.84%(分别统计成立满一年、两年、三年的基金数据,下同)。从不同类型产品来看,目标日期型产品近一年、近两年、近三年平均回报率分别为 -8.33%、1.58%、33.81%。对应的目标风险型产品回报率分别为 -3.43%、3.66%、20.25%。

085. 养老产业专项债券

概念

养老产业专项债券指由专门为老年人提供生活照料、康复护理等服务的营利性或非营利性养老项目发行的专项债券,用于建设养老服务设施设备和提供养老服务。发债企业可使用债券资金改造其他社会机构的养老设施,或收购政府拥有的学校、医院、疗养机构等闲置公用设施并改造为养老服务设施。

延伸阅读

1. 目的意义

解决我国在老龄化社会趋势中存在的养老服务产品供给不足、市场发育不健全、城乡区域发展不平衡等问题。

2. 审批程序

对于专项用于养老产业项目的发债申请,在相关手续齐备、偿债保障措施完善的基础上,比照国家发展和改革委员会"加快和简化审核类"债券审核程序,提高审核效率。

3. 发债规模

募集资金占养老产业项目总投资比例不超过 70%。对于城投类企业和一般生产经营性企业需提供担保措施的资产负债率要求分别为 70% 和 75%;主体评级为 AAA 级的,资产负债率要求为 75% 和 80%。

4. 资金使用

在偿债保障措施较为完善的情况下,允许企业使用不超过 50% 的募集资金用于偿还银行贷款和补充营运资金。

5. 发债主体

城投公司、养老企业或产业投资基金。城投类企业不受"发债指标""地方政府所属城投企业已发行未偿付的企业债券、中期票据余额与地方政府当年 GDP 的比值超过 8% 的,其所属城投企业发债应严格控制""单次发债规模,原则上不超过所属地方政府上年本级公共财政预算收入" 的限制。

6. 项目收益

发债企业以出让方式获得的养老服务设施用地,可以计入发债企业资产;对于政府通过 PPP（public-private partnership,PPP）、补助投资、贷款贴息、运营补贴、购买服务等方式,支持企业举办养老服务机构、开展养老服务的,在计算相关发债指标时,可计入发债企业主营业务收入。

7. 数据概要

截至 2022 年 9 月,已发行的养老专项债券共 70 只。值得一提的是,从发行主体来看,有 68 只养老专项债券由城投平台发行,且主要集中在湖南、湖北、贵州、安徽、江西等省份中政府财力相对薄弱的市县。从发行规模来看,整体发行规模在 2 亿 ~19 亿元之间,共计 558 亿元。从发行期限来看,普遍为 7~10 年期债券,未出现超过 10 年期的债券发行。资金用途集中在健康养老产业项目建设和补充营运资金方面。

统计公报与调研数据

086. 国家老龄事业发展公报

简介

1. 发文机关

民政部、国家卫生健康委员会、全国老龄工作委员会办公室

2. 发文频率

年度发布

3. 主要内容

公报包含人口老龄化概况、老龄事业发展情况两大板块。

（1）人口老龄化概况板块主要介绍近 10 年我国老年人口数量、占全国总人口比重、老年人口抚养比等指标变化情况。

（2）老龄事业发展板块主要包含：老龄工作政策体系、老年健康服务（涵盖老年相关医疗机构、人才等数据）、养老服务体系（涵盖养老机构、床位、服务设施、津贴补贴等数据）、老年民生保障（养老保险、医疗保险、长期护理保险、基本生活救助等数据）、老年友好型社会（适老化改造、老年人文娱活动机构、老年人权益保障等数据）。2021 年，该板块新增加"银发经济"有关内容，主要介绍了银发经济相关的规划引导，以及老年用品产业、健康养老产业的发展情况。

087. 民政事业发展统计公报

简介

1. 发文机关

民政部

2. 发文频率

年度发布

3. 主要内容

公报包含综合、行政区划、社会工作、成员组织和其他社会服务四大板块。其中,社会工作板块包含养老机构(含社会福利院、特困人员救助供养机构、其他各类养老机构)的数量及床位情况、社区养老服务机构和设施情况、老年人福利情况等。

088. 人力资源和社会保障事业发展统计公报

简介

1. 发文机关

人力资源和社会保障部

2. 发文频率

年度发布

3. 主要内容

公报包含劳动就业、社会保险、人才人事、劳动关系、人社帮扶、行风和基础建设等六大板块。其中,社会保险板块中详细介绍了养老保险有关情况。主要统计指标包含：参加基本养老保险人数；基本养老保险基金的累计结存、运营规模、投资收益；城镇职工基本养老保险参保情况及基金运作情况；城乡居民基本养老保险参保及基金运作情况；企业年金、职业年金整体情况。

089. 全国企业年金基金业务数据摘要

简介

1. 发文机关

人力资源和社会保障部社会保险基金监管局

2. 发文频率

年度发布

3. 主要内容

全国企业年金基本情况、基金投资收益率情况、基金投资组合收益率分布情况、分地区企业年金情况、基金管理机构业务情况、基金法人受托管理情况、基金账户管理情况、基金托管情况、基金投资管理情况、集合计划管理情况、历年全国企业年金基本情况、历年全国企业年金基金投资管理情况。

090. 中国城乡老年人生活状况抽样调查

简介

"中国城乡老年人生活状况抽样调查"是由全国老龄工作委员会办公室主办的法定老年民生国情调查。调查经国家统计局批准，自 2000 年起，已经分别于 2000 年、2006 年、2010 年、2015 年成功开展了四次。

2021 年 7 月,国家卫生健康委员会发布《关于开展第五次中国城乡老年人生活状况抽样调查的通知》(国卫老龄函〔2021〕154 号),第五次调查正式启动。根据要求,此次调查对象为居住在中华人民共和国境内的(不包括港澳台地区)60 周岁及以上的中国公民。调查范围为全国 31 个省、自治区、直辖市和新疆生产建设兵团,涉及 315 个县(市、区),3 320 个乡镇(街道),6 300 个村(居)委会;涉及新疆生产建设兵团 5 个师,40 个团场。调查样本规模为 12.76 万(总抽样比约为 0.5‰),抽样在省级层面具有代表性,经统计技术处理获得全国代表性。

延伸阅读

1. 发文机关

全国老龄工作委员会办公室

2. 发文频率

调查每 5 年开展一次

3. 统计指标

第五次抽样调查内容主要包括老年人口基本情况、家庭状况、健康状况、照料护理服务状况、经济状况、宜居环境状况、社会参与状况、维权意识与行动状况、精神文化生活状况以及老年人所在家庭的家庭成员状况等。

091. 中国老年健康影响因素跟踪调查(CLHLS)

简介

中国老年健康影响因素跟踪调查(Chinese longitudinal healthy longevity survey,CLHLS),简称"中国老年健康调查",是一项全国性追踪调查,由中国人口与发展研究中心、中国计划生育协会、北京大学国家发展研究院合作开展,1998—2018 年期间已经进行了 8 轮追踪调查。

在前 8 次调查包括大量老人家庭结构与居住安排、婚姻状态、健康、社会经济特征等丰富信息基础上,2021 年开展的第 9 次调查又增加了关于家庭住房养老问项和家庭金融养老储备问项,扩展了兄弟姐妹问项,目前已有 65 项与家庭直接相关的问项,有的问项还包括多个子问项;第 9 次调查还增加了成年子女调查;因此,调查名称适当扩展为"中国老年健康和家庭幸福调查"。涵盖 26 个省、482 个样本县,采集了 17 533 份 65 岁以上老年人的样本数据,其中百岁老人 3 665 位,90 以上老人 6 000 多位,是目前为止最大规模的高龄老人追踪调查研究,将为开展老年健康研究和政策干预提供有力的数据支持。

延伸阅读

1. 组织机构

北京大学健康老龄与发展研究中心 / 国家发展研究院。

2. 发文频率

该调查项目在 1998 年进行基线调查后,分别于 2000 年、2002 年、2005 年、2008—2009 年、2011—2012 年、2014 年和 2017—2018 年进行了跟踪调查。

3. 主要内容

跟踪调查数据在删除个人隐私信息后已向社会和学界免费开放,包括:存活老人生理心理健康、认知功能、社会参与、行为、饮食营养、生活习惯、社会经济状况、家庭结构、代际关系、老年家庭照料需求、照料提供和成本等非常丰富的个体微观数据,以及 65 岁及 65 岁以上已死亡老人死亡前健康状况、照料成本与生活质量等丰富个体微观数据。

据不完全统计,截至 2021 年 10 月 15 日,10 327 位学者(不包括他们的项目组其他成员)正式注册免费使用 1998—2018 年"中国老年健康调查"数据;这些学者们使用该调查数据已发表成果:专著 17 本,国际匿名评审 SCI 和SSCI 学术刊物论文 431 篇,国内期刊论文 731 篇,通过答辩博士论文 99 篇和硕士论文 678 篇,递交政策咨询报告 68 篇。

092. 中国健康与养老追踪调查（CHARLS）

简介

中国健康与养老追踪调查（China health and retirement longitudinal study，CHARLS）是指由北京大学国家发展研究院主持、中国社会科学调查中心执行的一项大型跨学科调查项目，是国家自然科学基金委员会资助的重大项目。

中国是当今全世界老龄人口最庞大、老龄化速度最急剧的经济体，有效应对老龄化、妥善解决老年人的生活和医疗保障问题，将是我国面临的巨大挑战。CHARLS 旨在收集一套代表中国 45 岁及以上中老年人家庭和个人的高质量微观数据，用以分析我国人口老龄化问题，推动老龄化问题的跨学科研究，为制定和完善我国相关政策提供更加科学的基础。

CHARLS 曾于 2008 年在分别代表我国东西部典型国情的浙江、甘肃两省开展预调查；全国基线调查于 2011 年开展，每 2 年追踪一次，数据成果在调查结束一年后对学术界免费公开。CHARLS 于 2011 年、2013 年、2015 年和 2018 年分别在全国 28 个省（自治区、直辖市）的 150 个县、450 个社区（村）开展调查访问，至 2018 年全国追访完成时，其样本已覆盖总计 1.24 万户家庭中的 1.9 万名受访者。

延伸阅读

1. 责任机构

北京大学国家发展研究院主持、北京大学中国社会科学调查中心执行。

2. 调查频率

每 2~3 年追踪一次，调查结束 1 年后，数据对学术界展开。

3. 主要内容

2018 年全国追踪调查为例，数据库包含个人基本信息、家庭信息、健康状况与功能、认知和抑郁、知情人信息收集、医疗保健与保险、工作和退休、养老金、收入、支出及资产、房产和住房情况等板块。

（1）基本信息

性别、属相、出生日期、居住地、户口类型、教育水平等人口统计学指标。

（2）家庭信息

父母、子女以及兄弟姐妹信息、家庭交往与经济帮助情况等。

（3）健康状况与功能

一般健康状况和疾病史、生活方式和健康行为、身体功能障碍及辅助者。

（4）认知和抑郁

简易精神状态检查、认知状况电话访问量表、痴呆筛查量表、抑郁量表等。

（5）知情人信息收集

知情人基本信息、老年人认知功能减退情况、痴呆情况等。

（6）医疗保健与保险

医疗保险、医疗成本与使用情况。

（7）工作和退休

工作概况、农业自雇、受雇、劳动力供给、受雇工作的工资、单位福利、失业及求职经历、退休与退职等。

（8）养老金

政府机关、事业单位养老保险（退休金）及职工基本养老保险、补充养老保险（年金）、城乡居民养老保险、新型农村养老保险及城镇居民养老保险、征地养老保险、人寿保险、商业养老保险、其他养老保险等。

（9）收入、支出及资产

家户收入与支出、家户资产、个人资产等。

（10）房产和住房情况

房产、住房情况等。

行业学 / 协会

093. 中国老龄协会

简介

中国老龄协会（China National Committee on Ageing，CNCA）伴随着我国人口老龄化程度逐步加深和对积极应对人口老龄化认识逐步深化而发展变化。成立至今，中国老龄协会已有 40 多年历史。

1982 年，经国务院批准，成立老龄问题世界大会中国委员会，开启我国有组织、有领导的老龄工作阶段。同年，经国务院同意，更名为中国老龄问题全国委员会。

1995 年，国务院批准将中国老龄问题全国委员会更名为中国老龄协会，系国务院副部级事业单位，由民政部代管，是国家专司老龄事业的部门。

1999 年 10 月，经中共中央、国务院批准，决定成立全国老龄工作委员会，作为国务院主管老龄工作的议事协调机构，下设办公室（简称"全国老龄办"）在民政部，日常工作由中国老龄协会承担。

2005 年，经中央编委批准，全国老龄办与中国老龄协会实行合署办公，在国内以全国老龄办名义开展工作，在国际上主要以中国老龄协会名义开展老龄事务的国际交流与合作。

2006 年，经人事部批准，全国老龄办参照公务员法管理。

2009年,中央组织部批复,成立全国老龄办党组。

2018年,党和国家机构改革,保留全国老龄工作委员会,日常工作由国家卫生健康委员会承担。民政部代管的中国老龄协会改由国家卫生健康委员会代管。

2018年6月,中国老龄协会被列入中央纪委国家监委驻卫生健康委纪检监察组的综合监督单位。

2019年,中央组织部明确中国老龄协会参照公务员法管理。

2023年,国务院机构改革,将国家卫生健康委员会的组织拟订并协调落实应对人口老龄化政策措施、承担全国老龄工作委员会的具体工作等职责划入民政部。全国老龄工作委员会办公室改设在民政部,强化其综合协调、督促指导、组织推进老龄事业发展职责。中国老龄协会改由民政部代管。

延伸阅读

职责

中国老龄协会承担三项主要职责任务:围绕我国老龄事业发展的方针、政策、规划等重大问题和老龄工作中的问题,进行调查研究,提出建议;开展信息交流、咨询服务等与老龄问题有关的社会活动,参与有关国际活动;承办国务院交办的其他事项和有关部门委托的工作。

094. 中国老龄产业协会

简介

中国老龄产业协会(China Silver Industry Association,CSIA)成立于2010年,是由从事老龄产业的养老服务、医疗健康、金融保险、生产制造、产品流通、科研教学、科技研发、护理培训等企事业单位、社会团体和相关行业专家自愿结成的全国性、行业性、非营利性社会组织。

延伸阅读

1. 宗旨

以马克思列宁主义、毛泽东思想、邓小平理论、"三个代表"重要思想、科学发展观和习近平新时代中国特色社会主义思想为指导,贯彻落实党中央关于"积极应对人口老龄化,构建养老、孝老、敬老政策体系和社会环境,推进医养结合,加快老龄事业和产业发展"的要求,坚持以经济社会发展为中心,以改善民生为重点,以促进社会和谐为目标,坚持为政府建言献策服务、为行业发展服务、为会员单位服务、为广大老年人服务、为社会文明进步服务,依法维护会员权益,促进老龄产业健康发展。

2. 业务范围

(1)建立行业自律机制,提高行业整体素质,依法维护会员合法权益和行业整体利益。

(2)参与制定国家老龄产业发展规划,向政府部门提出有关老龄产业政策、立法等建议。

(3)受政府委托,参与老龄产业重大投资、开发项目的前期论证,协调对项目建设和运营的监督管理。

(4)经政府部门批准,在相关部门业务指导下开展以下工作:

1)参与制定、修订、评定涉老服务机构、生产企业的相关标准,参与行业服务和质量的管理监督工作。

2)配合政府部门积极推进养老服务评估体系建设,组织实施老龄产业服务项目和产品的评估、推广,提供第三方评估服务。

3)经政府有关部门授权组织实施老龄产业基本情况调查和行业指标统计,开发、应用调查统计成果,为政府有关部门和行业单位提供决策依据。

4)受政府有关部门委托,配合政府有关部门进行健康养老、医养结合、老年人能力评估师等相关职业技能的鉴定考核。

5)组织开展老年文化、教育活动,协调相关部门和社会组织,开发整合老年教育资源,满足老年人的精神文化需求。

(5)建立老龄产业行业公共信息交汇平台,依照有关规定编辑发行行业刊物;组织开展产业论坛和经济技术、经营管理、市场信息交流。

（6）根据市场需求,组织相关单位开展老龄产业科学技术研究;引导、组织会员单位研发老龄产业产品与设施设备;配合引进国外优秀同类产品。

（7）利用物联网、云计算、人工智能、大数据等科技信息技术,为老年人提供智能家居、健康医疗、安全监控、居家照料等技术支持服务。促进科技与老龄产业发展的深度融合。

（8）组织开展从业单位、社会组织间的国际合作交流活动;借鉴、推广国外为老服务、福利机构的先进经营模式及管理经验。

（9）受政府委托承办或根据市场和行业发展需要经政府有关部门批准,举办交易会、展览会。

（10）组织开展涉老行业从业人员的各类培训,建立行业人才信息库。

（11）受政府部门或有关单位委托,承办与老龄产业有关的其他工作。

095. 中国老年大学协会

简介

中国老年大学协会（China Association of the Universities For The Aged,CAUA）是中华人民共和国民政部部属社团,由全国老龄工作委员会办公室主管,成立于1988年12月。是组织全国各地老年大学（含地方老年大学协会和老年学校）开展协作与交流的全国性非营利社会组织,联系着全国7万多所老年大学和老年学校,800多万在校学员,以及参加远程教育的数百万学员。

延伸阅读

1. 宗旨

以马克思列宁主义、毛泽东思想、邓小平理论、"三个代表"重要思想、科学发展观、习近平新时代中国特色社会主义思想为指导,遵守宪法、法律法规和国家政策,践行社会主义核心价值观,遵守社会道德风尚,贯彻《中华人民共和国教育法》和《中华人民共和国老年人权益保障法》,全面推进《老年教育发展规划(2016—2020年)》和《"十三五"国家老龄事业发展和养老体系建设规划》的贯彻落实,大力发展老年教育,使老年大学工作上一个新台阶,为构建全民学习、终身学习的学习型社会做贡献。

2. 业务范围

(1)组织老年大学校际间的经验交流和信息沟通。

(2)开展老年教育学术、理论和教学研究。

(3)推动老年大学规范化建设,不断提高办学水平、教学质量。

(4)根据国家相关规定,开展优秀老年大学教学大纲、教材的推荐及编写。

(5)推动老年远程教育的发展,扩大老年教育覆盖面。

(6)加大老年教育的宣传力度,扩大社会影响。

(7)开展老年大学有关办学、教学和理论研究等方面的培训工作。

(8)积极开展老年社会文化活动。

(9)开展国际的交流与合作。

096. 中国老年保健协会

简介

中国老年保健协会(Chinese Aging Well Association,CAWA)成立于1995年,是由从事老年保健工作的企事业单位、社会组织以及相关的专家学者、管理者、企业家和热心老年保健事业的个人等自愿结成的全国性、行业性、非营利性社会组织。

延伸阅读

1. 宗旨

弘扬中华民族尊老、爱老、助老的优良文化传统,全面落实预防为主、防治结合的卫生健康工作方针,大力倡导和推进健康老龄化。

2. 业务范围

(1) 开展老年保健领域行业自律,推进行业诚信建设,促进行业规范发展。

(2) 参与制定、修订、推广和监督老年保健和养老服务领域的相关国家标准和行业标准。

(3) 积极促进老年健康教育体系建设,大力开展老年保健科普宣传和健康生活方式的社会倡导。

(4) 支持、推动、组织老年保健和养老护理队伍建设。

(5) 加强信息服务和专项服务,畅通老年保健服务需求、服务供给与科研开发之间的信息沟通渠道,促进相关科技成果转化和资源整合。

(6) 开展健康旅游、休闲养生项目,支持、参与养老养生基地建设和老年保健服务业的开发,促进中国老年保健事业和产业的发展,满足不断增加的多层次、多样化老年保健需求。

(7) 积极反映会员要求,协调会员关系,维护会员合法权益。

(8) 开展与健康老龄化有关的调查研究,为政府决策提供相关依据。

(9) 积极开展老年保健领域的国际交流与合作,承办相关会议和展览。

(10) 积极开展老年保健领域的公益项目。

(11) 承担政府部门委托的任务。

097. 中国社会福利与养老服务协会

简介

中国社会福利与养老服务协会(China Association of Social Welfare and Senior Service,CASWSS)是由从事和关注社会福利事业和养老服务业的单位和个人自愿结成的行业性、全国性、非营利社会组织。

延伸阅读

1. 宗旨

以马克思列宁主义、毛泽东思想、邓小平理论、"三个代表"重要思想、科学发展观和习近平新时代中国特色社会主义思想为指导,以改善民生、推进社会福利事业和养老服务业发展为宗旨,积极履行服务国家、服务社会、服务群众、服务行业的职能,配合政府相关部门做好政策推进、宣传教育、行业建设、人才培养和国内外合作交流,积极引导社会力量参与社会福利和养老服务事业发展,推动社会福利与养老服务事业理论创新和实践创新,为提高人民福祉、维护社会公平、促进社会和谐进步发挥积极作用。

2. 业务范围

(1)宣传、贯彻落实国家有关社会福利和养老服务的方针、政策、法律、法规,配合政府部门推动社会福利事业和养老服务业科学发展。

(2)开展社会福利和养老服务理论政策研究和宣传,组织理论与实践交流,配合政府有关部门参与推进政策实施,建立社会福利和养老服务理论体系。

(3)开展国内外交流合作,借鉴国际成功经验,促进社会福利事业和养老服务业高质量发展。

(4)引导社会资源进入社会福利和养老服务领域,推动社会福利社会化;受政府委托承办或根据市场和行业发展需要举办行业展会。

(5)协助政府部门开展福利服务、养老服务已发布国家标准、行业标准的宣传和组织实施;根据政府部门的授权或委托,承接相关业务培训。

(6)协助政府部门开展社会福利和养老服务标准化、信息化建设和设备用品的研发推广,依照有关规定,开展相关团体标准的制定和修订工作。

(7)按照国家相关规定,协助政府开展养老服务职业技能教材研发、业务培训、职业能力水平评价。

(8)依照有关规定,办好会刊《福利中国》杂志和相关自媒体,倡导和推进福利文化建设,促进行业文化自信,提高行业凝聚力,促进社会和谐发展。

(9)规范行业行为,制定行规行约,协助会员单位强化科学管理,促进行业自律。

（10）发挥协会提供服务、反映诉求的作用，开展相关法律咨询服务，维护行业及会员单位合法权益。

（11）承办政府部门及有关组织委托的符合本会宗旨的其他事项。

098. 中国老年学和老年医学学会

简介

中国老年学学会成立于1986年，1988年经国务院批准加入国际老年学和老年医学学会（International Association of Geriatrics and Gerontology，IAGG）。是由从事老年学和老年医学研究的单位和有关人员自愿结成的全国性、非营利性社会组织，于2014年经民政部批准为中国老年学和老年医学学会（China Association of Gerontology and Geriatrics，CAGG）。

延伸阅读

1. 宗旨

全面贯彻党中央的方针政策和一系列指示精神，坚持"学术为本，面向需求，加强服务，有所作为"的办会理念，团结组织我国老年学和老年医学专家、学者以及老龄工作者，从我国老龄社会发展的实际出发，积极开展老年学和老年医学的研究工作，推动中国老年学和老年医学发展，以研究成果为政府、企业和广大老年人提供智力服务，为发展老龄事业提供理论支持。

2. 业务范围

（1）开展老年学和老年医学相关学术研究，制定学术研究方向、规划、计划，推动研究成果宣传与应用。

（2）组织和指导会员进行老龄问题的社会调查，促进老龄科学研究发展，探索老年医学健康服务工作新模式。

（3）为政府有关部门制定与老年学和老年医学相关的政策法规、行业标准、管理模式等提供咨询服务。

（4）开展老年学和老年医学相关科普宣传。

（5）开展老年学、老年医学方面的培训工作。

（6）接受政府、企业和国际组织委托，承接老年学及老年医学领域重要研究课题。

（7）开展国内外老年学、老年医学学术交流，按照国家有关规定搭建国内、国际合作平台。

（8）依照国家有关规定，编辑出版本学会会刊、简讯及有关书刊，设立本学会官方网站。

（9）开展政府相关部门委托或授权的其他业务。

099. 中国老年医学学会

简介

中国老年医学学会（Chinese Geriatrics Society，CGS）成立于2015年，是由医疗卫生机构、科研院所、企事业单位和从事老年医学预防、医疗、教学、科研、护理、康复、保健、慢病管理等相关专业的医疗卫生工作者、专家学者，老年事业和健康产业工作者自愿结成并依法登记的全国性、学术性、非营利性社会组织。

延伸阅读

1. 宗旨

坚持以马克思列宁主义、毛泽东思想、邓小平理论、"三个代表"重要思想、科学发展观、习近平新时代中国特色社会主义思想为指导，团结组织全国老年医学及相关的医疗卫生机构和健康产业工作者，贯彻国家老龄和卫生工作方针，运用现代医学、中国传统医学的理论和高新技术，围绕老年人口健康需求，研究、探索老年医学、老年健康与现代医学发展的规律和应对衰老、亚健康与疾病防治的对策;凝聚医疗卫生工作者和社会力量,推进老年医学学科体系建设和科技进步,培养造就老年医学人才,为老年人健康和医疗保健服务,为实现健康老龄化、全面建成小康社会作出积极贡献。

2. 业务范围

(1)着眼于老年健康医疗需求,面向老年医疗卫生机构,突出临床医学研究,拓展医疗服务项目,坚持理论与实践相结合,加强健康产业支撑,积极开展老年医学学术研究、国内外学术交流与合作,为创新与转化搭建平台,推进老年医学创新发展。

(2)广泛开展老年人疾病预防、健康教育、健康管理、医学咨询,以及中医养生、科学生活方式指导等医养结合健康服务活动,增强老年人自我保健意识,提高自我保健能力,促进老年人健康长寿。

(3)推进构建老年医学与健康服务体系建设,从老年医学学科定位、医养服务模式、诊疗标准、制度建设、质量管理、科技创新、学风建设等方面进行学术引导,探索开发出适合老年人群健康需求的新产品、新工艺、新材料,提高老年健康服务体系的整体水平。

(4)组织相关单位制定老年相关领域团体标准,重点聚焦老年健康服务、医养结合和适老产品等方向;以团体标准为依据,围绕老年人群健康需求,开展标准化培训和标准宣贯。

(5)经政府有关部门批准,开展老年医学专业技术认证培训,建设高素质的老年医学与健康服务体系人才队伍。

(6)推动互联网+在老年医学与健康服务体系中的应用。研发推广老年医疗健康智能服务产品和智慧医疗服务平台,促进医疗健康技术水平和提升医疗健康服务能力。

(7)依照有关规定,编纂老年医学研究、老年健康服务的学术著作、科普刊物、新媒体和数字出版物等,促进老年医学信息交流,共享新成果。

(8)承接政府机关及其他单位委托的符合学会宗旨的其他工作。

100. 中国康复医学会

简介

中国康复医学会（Chinese Association of Rehabilitation Medicine，CARM）成立于 1983 年，是由全国康复医学科技工作者自愿结成的全国性、学术性、非营利性社会组织。

延伸阅读

1. 宗旨

高举中国特色社会主义伟大旗帜，坚持以马克思列宁主义、毛泽东思想、邓小平理论、"三个代表"重要思想、科学发展观、习近平新时代中国特色社会主义思想为指导，坚决贯彻党的基本理论、基本路线、基本方略，增强政治意识、大局意识、核心意识、看齐意识，坚定中国特色社会主义道路自信、理论自信、制度自信、文化自信，坚决维护习近平总书记党中央的核心、全党的核心地位。认真履行为科技工作者服务、为创新驱动发展服务、为提高全民科学素质服务、为党和政府科学决策服务的职责定位，团结动员广大科技工作者创新争先，促进康复医学事业的发展和繁荣，促进康复医学科学技术的普及和推广，促进康复医学科技人才的成长和提高，推动开放型、枢纽型、平台型组织建设，把广大康复医学科技工作者更加紧密地团结凝聚在党的周围，听党话、跟党走，为建设富强民主文明和谐美丽的社会主义现代化强国、实现中华民族伟大复兴的中国梦而努力奋斗。

2. 业务范围

（1）开展学术研究和学术交流，活跃学术思想，倡导学术民主，优化学术环境，促进学科发展，服务国家创新体系建设。

（2）开展科普宣传、教育活动，普及科学知识，推广先进的科学技术，传播科学思想和科学方法，提高全民科学素质。

（3）建设科技创新智库,开展重大前沿问题研究,为政府、行业提供智力支撑和科技支撑。

（4）承接政府委托工作或转移职能,承担科技评估和科技咨询、专业技术标准制定、专业技术人员水平评价与认定,举荐高端科技人才,拟制专业管理规范和行业发展规划。

（5）开展继续教育和培训考核,建立健全继续教育体系,提高康复医学科技工作者服务能力。

（6）开展科学研究,经政府有关部门批准,开展成果鉴定和评审,促进产学研用和科技成果转化,推进康复产业发展。

（7）团结、引领、凝聚科技工作者和科技爱好者及热心科技传播的人士加入科技志愿者行列,组织开展公益性科技类服务活动。

（8）依照有关规定,开展科技图书、期刊、报纸、电子出版物、音像制品的编辑、出版、发行,提供科技知识服务。

（9）服务会员和科技工作者,收集反映会员和科技工作者的建议、意见和诉求,维护会员和科技工作者的合法权益。

（10）加强国际学术交流与合作,发展与国外科技团体和科技工作者的友好关系,提高国际影响力。

（11）依法开展符合本会宗旨的其他活动。

养老产业相关政策文件（2021—2023）

2021 年

中共中央 国务院

1. 关于加强新时代老龄工作的意见

国务院（含办公厅）

2. 关于服务"六稳""六保"进一步做好"放管服"改革有关工作的意见

3. 国务院关于印发《全民科学素质行动规划纲要（2021—2035 年）》的通知

4. 国务院关于印发《"十四五"残疾人保障和发展规划》的通知

5. 关于推动生活性服务业补短板上水平　提高人民生活品质若干意见的通知

6. 关于印发《国家残疾预防行动计划（2021—2025 年）》的通知

7. 国务院办公厅关于印发《"十四五"城乡社区服务体系建设规划》的通知

8. 关于印发《"十四五"国家老龄事业发展和养老服务体系规划》的通知

民政部（含内设机构）

9. 关于印发《"十四五"民政事业发展规划》的通知

10. 关于强化养老服务领域食品安全管理的意见

11. 关于组织实施 2021 年居家和社区基本养老服务提升行动项目的通知

12. 关于推进养老机构"双随机、一公开"监管的指导意见

13. 关于"十四五"期间利用开发性金融支持养老服务体系建设的通知

14. 关于加强村（居）民委员会公共卫生委员会建设的指导意见

国家卫生健康委员会（含内设机构）

15. 关于做好方便老年人在基层医疗卫生机构看病就医有关工作的通知

16. 关于开展 2021 年全国示范性老年友好型社区创建工作的通知

17. 关于印发健康中国行动 2021 年工作要点的通知

18. 关于印发《全国示范性老年友好型社区评分细则（试行）》的通知

19. 关于加快推进社区医院建设的通知

20. 关于印发加快推进康复医疗工作发展意见的通知

21. 关于做好 2021 年"智慧助老"有关工作的通知

22. 关于实施进一步便利老年人就医举措的通知

23. 关于学习贯彻中央政治局会议精神落实积极应对人口老龄化重大政策举措的通知

24. 关于开展第五次中国城乡老年人生活状况抽样调查的通知

25. 国家卫生健康委发布《2020 年度国家老龄事业发展公报》

26. 关于开展康复医疗服务试点工作的通知

27. 关于开展老年医疗护理服务试点工作的通知

28. 关于确定第二批老龄健康医养结合远程协同服务试点机构的通知

29. 关于全面加强老年健康服务工作的通知

人力资源和社会保障部（含内设机构）

30. 关于 2021 年调整退休人员基本养老金的通知

31. 关于印发《人力资源和社会保障事业发展"十四五"规划》的通知

32. 关于做好重复领取养老保险待遇问题处理工作的通知

国家发展和改革委员会（含内设机构）

33. 关于建立积极应对人口老龄化重点联系城市机制的通知

34. 关于做好《国务院办公厅关于促进养老托育服务健康发展的意见》贯彻落实工作的通知

35. 关于印发《国家基本公共服务标准（2021 年版）》的通知

36. 关于印发《社会领域相关专项中央预算内投资专项管理办法》的通知

37. 关于"十四五"时期深化价格机制改革行动方案的通知

38. 关于印发《"十四五"积极应对人口老龄化工程和托育建设实施方案》的通知

39. 关于编报积极应对人口老龄化工程和托育建设 2021 年中央预算内投资计划建议的通知

40. 关于加强城镇老旧小区改造配套设施建设的通知

41. 关于印发《"十四五"公共服务规划》的通知

教育部办公厅

42. 关于做好 2021 年银龄讲学计划有关实施工作的通知

43. 关于广泛开展老年人运用智能技术教育培训的通知

工业和信息化部（含内设机构）

44. 关于切实解决老年人运用智能技术困难便利老年人使用智能化产品和服务的通知

45. 关于进一步抓好互联网应用适老化及无障碍改造专项行动实施工作的通知

46. 关于印发《智慧健康养老产业发展行动计划（2021—2025 年）》的通知

47. 关于开展 2021 年智慧健康养老应用试点示范遴选工作的通知

住房和城乡建设部办公厅

48. 关于印发《完整居住社区建设指南》的通知

交通运输部办公厅

49. 关于印发《2021 年便利老年人打车出行等 5 件更贴近民生实事工作方案》的通知

50. 关于加快推广应用 95128 出租汽车约车服务电话号码的通知

商务部

51. 关于推进城市一刻钟便民生活圈建设的意见

文化和旅游部资源开发司

52. 关于发布首批发展智慧旅游提高适老化程度示范案例名单的通知

市场监督管理总局

53. 关于推进无障碍环境认证工作的指导意见

国家体育总局办公厅

54. 关于提交"主动健康和老龄化科技应对"重点专项 2021 年度定向项目申报材料的通知

国家医疗保障局办公室

55. 关于印发长期护理失能等级评估标准（试行）的通知

银行保险监督管理委员会（含内设机构）

56. 关于银行保险机构切实解决老年人运用智能技术困难的通知

57. 关于开展专属商业养老保险试点的通知

58. 关于开展养老理财产品试点的通知

59. 中国银保监会关于筹建国民养老保险股份有限公司的批复

60. 关于规范和促进养老保险机构发展的通知

中国残疾人联合会

61. 关于印发无障碍环境建设"十四五"实施方案的通知

2022 年

国务院办公厅

1. 关于推动个人养老金发展的意见

2. 关于进一步释放消费潜力促进消费持续恢复的意见

3. 关于印发"十四五"国民健康规划的通知

全国老龄工作委员会（含办公室）

4. 关于印发贯彻落实《中共中央 国务院 关于加强新时代老龄工作的意见》任务分工方案的通知

5. 关于开展老年营养改善行动的通知

民政部（含内设机构）

6. 关于全面开展残疾人两项补贴申请"全程网办"的通知

7. 关于印发《民政部 2022 年政务公开工作要点及任务分工》的通知

8. 九部门印发《关于深入推进智慧社区建设的意见》的通知

9. 关于健全完善村级综合服务功能的意见

10. 关于全面推进新时代民政标准化工作的意见

11. 关于开展特殊困难老年人探访关爱服务的指导意见

12. 关于印发《养老机构行政检查办法》的通知

13. 关于加强养老机构非法集资防范化解工作的意见

国家卫生健康委员会（含内设机构）

14. 关于印发"十四五"健康老龄化规划的通知

15. 关于开展 2022 年全国示范性老年友好型社区创建工作的通知

16. 关于推进家庭医生签约服务高质量发展的指导意见

17. 关于开展社区医养结合能力提升行动的通知

18. 关于印发医养结合示范项目工作方案的通知

19. 关于开展第一批全国医养结合示范县（市、区）和示范机构创建工作的通知

20. 关于印发《全国护理事业发展规划（2021—2025 年）》的通知

21. 关于开展老年心理关爱行动的通知

22. 关于进一步推进医养结合发展的指导意见

23. 关于印发"十四五"卫生健康人才发展规划的通知

24. 2021 年度国家老龄事业发展公报

25. 关于严禁养老机构违法违规开展医疗服务的通知

人力资源和社会保障部（含内设机构）

26. 关于 2022 年调整退休人员基本养老金的通知

27. 关于印发《个人养老金实施办法》的通知

28. 关于公布个人养老金先行城市（地区）的通知

国家发展和改革委员会（含内设机构）

29. 促进家政服务业提质扩容 2022 年工作要点

30. 关于做好积极应对人口老龄化重点联系城市有关工作的通知

31.《养老托育服务业纾困扶持若干政策措施》的通知

教育部办公厅

32. 关于做好 2022 年银龄讲学计划有关实施工作的通知

33. 关于国家开放大学加挂国家老年大学牌子的通知

工业和信息化部（含内设机构）

34. 关于公布 2021 年智慧健康养老应用试点示范名单的通告

35. 关于公布《2022 年老年用品产品推广目录》的通告

36. 关于组织开展 2022 年智慧健康养老产品及服务推广目录申报工作的通知

财政部　税务总局

37. 关于个人养老金有关个人所得税政策的公告

住房和城乡建设部办公厅

38. 关于征集城乡适老化建设和改造典型案例的通知

交通运输部办公厅

39. 关于印发 2022 年推行适老化交通出行服务等 5 件更贴近民生实事工作
   方案的通知

市场监督管理总局

40. 关于印发贯彻实施《国家标准化发展纲要》行动计划的通知

41. 关于印发《无障碍环境认证实施方案》的通知

42. 关于印发进一步提高产品、工程和服务质量行动方案（2022—2025 年）的
   通知

国家体育总局

43. 关于进一步做好老年人体育工作的通知

银行保险监督管理委员会（含内设机构）

44. 关于扩大专属商业养老保险试点范围的通知

45. 关于扩大养老理财产品试点范围的通知

46. 关于规范和促进商业养老金融业务发展的通知

47. 关于开展特定养老储蓄试点工作的通知

48. 关于印发商业银行和理财公司个人养老金业务管理暂行办法的通知

49. 关于保险公司开展个人养老金业务有关事项的通知

50. 关于开展养老保险公司商业养老金业务试点的通知

证券监督管理委员会

51. 个人养老金投资公开募集证券投资基金业务管理暂行规定

最高人民法院

52. 关于为实施积极应对人口老龄化国家战略提供司法服务和保障的意见

2023 年

中共中央办公厅　国务院办公厅

1. 印发《关于推进基本养老服务体系建设的意见》

国务院（含内设机构）

2. 关于转发国家发展改革委《城市社区嵌入式服务设施建设工程实施方案》的通知

第十四届全国人民代表大会常务委员会

3. 中华人民共和国无障碍环境建设法

民政部（含内设机构）

4. 关于开展 2023 年居家和社区基本养老服务提升行动项目申报和组织实施工作的通知（多部委）

5. 关于做好《老年人能力评估规范》国家标准宣贯工作的通知

6. 关于印发《养老机构消防安全管理规定》的通知（多部委）

7. 《养老机构等级划分与评定》国家标准实施指南（2023 版）对外发布（多部委）

8. 关于组织开展中央财政支持经济困难失能老年人集中照护服务工作的通知（多部委）

9. 关于印发《积极发展老年助餐服务行动方案》的通知（多部委）

10. 关于印发《养老机构重大事故隐患判定标准》的通知

11. 关于发布《中国康复辅助器具目录（2023 年版）》的公告

12. 2022 年度国家老龄事业发展公报（多部委）

国家卫生健康委员会（含内设机构）

13. 关于进一步加强对口协同做好养老机构和社会福利机构老年人医疗服务工作的通知

14. 关于开展 2023 年全国示范性老年友好型社区创建工作的通知（多部委）

15. 关于印发健康中国行动 2023 年工作要点的通知

16. 关于推广医养结合试点工作典型经验的通知（多部委）

17. 关于开展第三批安宁疗护试点工作的通知

18. 关于开展老年痴呆防治促进行动（2023—2025 年）的通知

19. 关于印发进一步改善护理服务行动计划（2023—2025 年）的通知（多部委）

20. 关于做好 2023 年基本公共卫生服务工作的通知

21. 关于印发居家和社区医养结合服务指南（试行）的通知（多部委）

人力资源和社会保障部

22. 关于 2023 年调整退休人员基本养老金的通知（多部委）

国家发展和改革委员会

23. 关于支持和引导家政服务业员工制转型发展的指导意见（多部委）

教育部（含内设机构）

24. 关于印发《国家银龄教师行动计划》的通知（多部委）

25. 关于做好 2023 年银龄讲学计划有关实施工作的通知（多部委）

工业和信息化部（含内设机构）

26. 关于组织开展 2023 年老年用品产品推广目录申报工作的通知

27. 关于公布《智慧健康养老产品及服务推广目录（2022 年版）》的通告（多部委）

28. 关于开展 2023 年智慧健康养老应用试点示范遴选及 2017—2019 年（前三批）试点示范复核工作的通知（多部委）

29. 关于公布《2023 年老年用品产品推广目录》的通告

30. 关于印发《促进数字技术适老化高质量发展工作方案》的通知

31. 关于公布 2023 年智慧健康养老应用试点示范名单和 2017—2019 年（前三批）智慧健康养老应用试点示范通过复核名单的通告（多部委）

住房和城乡建设部

32. 城市居家适老化改造指导手册

交通运输部办公厅

33. 关于印发 2023 年持续提升适老化无障碍交通出行服务等 5 件更贴近民生实事工作方案的通知

商务部办公厅

34. 关于印发《全面推进城市一刻钟便民生活圈建设三年行动计划（2023—2025）》的通知（多部委）

文化和旅游部办公厅

35. 关于开展老年旅游典型案例推荐遴选工作的通知（多部委）

国家金融监督管理总局

36. 关于适用商业健康保险个人所得税优惠政策产品有关事项的通知

37. 关于个人税收递延型商业养老保险试点与个人养老金衔接有关事项的通知

38. 关于促进专属商业养老保险发展有关事项的通知

39. 关于印发养老保险公司监督管理暂行办法的通知

国家体育总局

40. 关于印发第四届全国老年人体育健身大会总规程的通知（多部委）

中国银行保险监督管理委员会办公厅

41. 关于开展人寿保险与长期护理保险责任转换业务试点的通知

国家医疗保障局

42. 关于做好 2023 年城乡居民基本医疗保障工作的通知（多部委）

43. 关于印发《长期护理保险失能等级评估管理办法（试行）》的通知（多部委）

国家药品监督管理局

44. 关于发布药品说明书适老化及无障碍改革试点工作方案的公告

国家中医药管理局

45. 关于进一步加强中医医院老年病科建设的通知

国家标准化管理委员会

46. 关于下达适老化改造推荐性国家标准专项计划及相关标准外文版计划的通知（多部委）

中国老年人体育协会

47. 关于印发《第四届全国老年人体育健身大会总规程》（草案）的通知

中国科学技术协会

48. 《关于加强新时代老科学技术工作者协会工作更好发挥老科技工作者作用的意见》的通知（多部委）

参 考 资 料

［1］陈光金.加强新时代老龄工作［N］.人民日报,2021-12-28(09).

［2］张园.构建医养结合的健康养老新模式［J］.中国社会保障,2022(4):40-41.

［3］李军.发展银发经济促进经济增长［J］.老龄科学研究,2022,10(4):1-8.

［4］JIA J,WEI C,CHEN S,et al.The cost of Alzheimer's disease in China and reestimation of costs worldwide［J］.Alzheimer's & Dementia,2018,14(4):483-491.

［5］JIA L,DU Y,CHU L,et al.Prevalence,risk factors,and management of dementia and mild cognitive impairment in adults aged 60 years or older in China:a cross-sectional study［J］.Lancet Public Health,2020,5(12):e661-e671.

［6］JIA L,QUAN M,FU Y,et al.Dementia in China:epidemiology,clinical management,and research advances［J］.The Lancet Neurology,2020,19(1):81-92.

［7］Alzheimer's Disease International.World Alzheimer report 2015 the global impact of dementia:an analysis of prevalence,incidence,cost and trends［R］.London:ADI,2015.

［8］Alzheimer's Disease International.World Alzheimer report 2023［R］.London:ADI,2023.

［9］中华医学会骨科学分会关节外科学组,中国医师协会骨科医师分会骨关节炎学组,国家老年疾病临床医学研究中心(湘雅医院),等.中国骨关节炎诊疗指南(2021年版)［J］.中华骨科杂志,2021,41(18):1291-1314.

［10］薛庆云,王坤正,裴福兴,等.中国40岁以上人群原发性骨关节炎患病状况调查［J］.中华骨科杂志,2015,35(12):1206-1212.

［11］XUE Q Y,WANG K Z,PEI F X,et al.The survey of the prevalence of primary osteoarthritis in the population aged 40 years and over in China[J].Chin J Orthop,2015,35(12):1206-1212.

[12] 张瑞,纪代红,王瑶,等,老年肌少症患者跌倒恐惧的研究进展[J]. 中华老年多器官疾病杂志,2024,23(2):153-156.

[13] MA Q F,LI R,WANG L J,Temporal trend and attributable risk factors of stroke burden in China,1990-2019:an analysis for the Global Burden of Disease Study 2019[J].The Lancet Public Health 2021,6(12):e897-906.

[14] FEIGIN V L,OWOLABI M O,Pragmatic solutions to reduce the global burden of stroke:a World Stroke Organization-Lancet Neurology Commission.The Lancet Neurol.2023,22(12):1160-1206.

[15] GBD 2019 Stroke Collaborators.Global,regional,and national burden of stroke and its risk factors,1990-2019:a systematic analysis for the Global Burden of Disease Study 2019[J].The Lancet Neurol,2021,20(10):795-820.

[16] GBD 2021 Diabetes Collaborators.Global,regional,and national burden of diabetes from 1990 to 2021,with projections of prevalence to 2050:a systematic analysis for the Global Burden of Disease Study 2021[J].The Lancet,2023,402(10397):203-234.

[17] BRAGG F,HOLMES M V,LONA A,et al.Association between diabetes and cause-specific mortality in rural and urbanareas of China[J].JAMA,2017,317(3):280-289.

[18] WANG T,ZHAO Z,WANG G,et al.Age-related disparities in diabetes risk attributable to modifiable risk factor profiles in Chinese adults:a nationwide,population-based,cohort study[J].The Lancet Healthy Longevity,2021,2(10):e618-628.

[19] 中华医学会糖尿病学分会,国家基层糖尿病防治管理办公室,上海交通大学医学院附属第六人民医院.国家基层糖尿病防治管理指南(2022)[R].北京:中华医学会.2022.

[20] BARNETT K N,MCMURDO M E,OGSTON S A,et al.Mortality inpeople diagnosed with type 2 diabetes at an older age:asystematic review[J].Age Ageing,2006,35(5):463-468.

[21] World Health Organization.Global report on diabetes[R].Geneva:WHO,2016.

[22] 马丽媛,王增武,樊静,等.《中国心血管健康与疾病报告2021》关于中国高血压流行

和防治现状[J].中国全科医学,2022,25(30):3715-3720.

[23] BOWL M R,DAWSON S J.Age-related hearing loss[J].Cold Spring Harb Perspect Med, 2019,9(8):a033217.

[24] 贺祖宏,李明,邹圣宇,等.老年性聋的发病机制及干预研究进展[J].中华耳鼻咽喉头颈外科杂志,2020,55(11):1105-1110.

[25] 刁桐湘,张季蕾,陈妮姗,等.年龄相关性听力损失与认知功能障碍[J].中华耳鼻咽喉头颈外科杂志,2021,56(2):187-192.

[26] 中华医学会神经病学分会帕金森病及运动障碍学组,中国医师协会神经内科医师分会帕金森病及运动障碍学组.中国帕金森病轻度认知障碍的诊断和治疗指南(2020版)[J].中国神经精神疾病杂志,2021,47(1):1-12.

[27] YOAV B S,SIRWAN D,JORGE L G,et al.The epidemiology of Parkinson's disease[J]. The Lancet,2024,403(10423):283-292.

[28] 秦殊,李玲.精神障碍患者主要照顾者的负担及社会支持的研究[J].医药论坛杂志,2014,35(3):35-39.

[29] 武艳华,李同,刘杰.老年精神障碍家庭照顾者风险化解的社会工作干预研究——基于个案管理模式的视角[J].社会工作,2019(1):64-71.

[30] ALESSI C,MARTIN J L,FIORENTINO L,et al.Cognitive behavioral therapy for insomnia in older veterans using nonclinician sleep coaches:randomized controlled trial[J].J Am Geriatr Soc,2016,64(9):1830-1838.

[31] 程凯,杨佃会.中医养生适宜技术[M].北京:人民卫生出版社,2019.

[32] 李铁浪,杨佃会.中医适宜技术[M].北京:中国中医药出版社,2021.

[33] 王旭东.中医养生康复学[M].上海:上海中医药大学出版社,2003.

[34] 杨根来,赵永.谁来守护"夕阳红"?——养老护理职业化发展20年记[J].中国民政,2020(8):47-48.

[35] 袁佳怡,张今杰,林艳.医养康养相结合模式下老年社会工作者的职业现状及对策[J].吉林医药学院学报,2023,44(1):63-65.

[36] 田兰宁.老年人能力评估师职业前景分析.中国社会工作[J],2020(26):26-27.

[37] 马丽萍.家庭养老床位:需求引领　创新驱动　支撑家庭养老功能[J].中国社会工

作,2021(8):12-14.

[38] 宋晓宇.上海社区嵌入式养老发展现状及建议[J].科学发展,2020(9):107-113.

[39] 甄其东.北京市民办公助养老机构运行研究——以10家民办公助养老机构为例
[D].北京:首都经济贸易大学,2017.

[40] 董捷,何静.中国企业年金制度的发展与完善:功能定位、发展现状及改革方向[J].
学习与实践,2022(9):92-98.

[41] 陈庆春.机关事业单位职业年金制度运行情况探究[J].黑龙江人力资源和社会保
障,2021(9):48-49.

[42] 宋书芹,王文玫,罗万堂.我国商业养老保险现状及发展建议[J].商展经济,2021
(22):50-52.

[43] 李伟群,陈婷.住房反向抵押养老保险法律问题研究[J].上海保险,2021(4):18-25.

[44] 姜劲.老年人意外伤害保险高质量发展的思考[J].中国社会工作,2021(17):34-35.

[45] 孙洁.如何加快构建老年人意外伤害保险保障体系[J].小康,2020(34):22-25.

[46] 唐金成,魏倩.老龄化时代中国养老机构责任险创新发展研究[J].西南金融,2022
(3):93-104.

[47] 邓小莲.我国养老目标基金的发展定位、困境与对策探析[J].改革与战略,2022,36
(12):68-77.